军营法则

河北出版传媒集团
河北少年儿童出版社
·石家庄·

图书在版编目（CIP）数据

军营法则 / 八路著. — 石家庄：河北少年儿童出版社，2019.3（2024.9重印）
　ISBN 978-7-5595-2114-9

Ⅰ. ①军… Ⅱ. ①八… Ⅲ. ①家庭教育 Ⅳ. ①G78

中国版本图书馆CIP数据核字（2018）第300021号

军营法则
八　路◎著

出 版 人	段建军		
选题策划	孙卓然　赵玲玲		
责任编辑	魏　洁	特约编辑	杜颖达　李伟琳
美术编辑	牛亚卓	装帧设计	王立刚

出版发行	河北少年儿童出版社
地　　址	石家庄市桥西区普惠路6号　邮政编码 050020
经　　销	新华书店
印　　刷	鸿博睿特（天津）印刷科技有限公司
开　　本	880 mm×1 230 mm　1/32
印　　张	8.5
版　　次	2019年3月第1版
印　　次	2024年9月第4次印刷
书　　号	ISBN 978-7-5595-2114-9
定　　价	39.80元

版权所有，侵权必究。
若发现缺页、错页、倒装等印刷质量问题，可直接向本社调换。
电话（传真）：010-87653015

前　言 <<<

首先，这些年由于我创作少儿军事文学，每年要给孩子们开设上百场的讲座，在跟孩子们大量的接触中发现了一些现实的问题。我大学读的是军事学院，研究生读的是师范大学，先后学习了军事学和教育学两门学科，又一直在军校从事军事教育工作。我发现从军事学的理论与实践出发去研究教育学的问题是一个很独特的视角，且能够形成很多行之有效的方法去解决现实中的教育问题。

讲到这里，我想起了自己曾经教过的一个学生。我记得非常清楚，那年的夏天正是最热的时候，我带着学生们进行野外训练。有一个小伙子是新兵，身高一米八有余，身材标准，脸庞棱角分明，训练起来也是虎虎生威。所以，我很喜欢这个学生，经常在学生们面前表扬这个小伙子。

课余聊天，这个学生跟我说："教官，我原来是一个大胖子，而且是一个十足的宅男。"原来，他是从大学二年级直接参军入伍的。从小学开始，他就是个小胖子，一直不爱运动，且沉迷于网络游戏。家长更是为他操碎了心，想尽各种办法也没能使他从游戏中解脱出来，给他报了很多减肥的课程也都无疾而终。

后来，他勉强考上了一个专科学校。大学里没有了父母在耳边唠叨，他更是无所顾忌。他每天就是躲在宿舍里打游戏，吃外卖，变成了一个典型的宅男。他给我看他参军前的照片，我简直不能把现在的他和照片里的他对应起来。

我带他的时候，他参军刚满一年，就像变了一个人，不仅身材标准，而且充满活力。想必他的父母看到现在的他肯定会高兴得合不拢嘴。这并非个案。我长年接触大量的士兵，军营真的可以说是一个令他们脱胎换骨的地方。

那么，一个十几年甚至二十几年都改不掉的坏习惯，为何在军营中就能改掉呢？其中的奥秘就在我要与大家分享的《军营法则》里。

军营是一个特殊的地方。在这里，有钢铁般的纪律，不打折扣的执行力，见第一就争、见红旗就扛的竞争力，胸口朝向敌人、后背留给人民的担当精神，把被子叠成豆腐块的注重细节的品质，还有不抛弃、不放弃的执着，以及绝不拖延、雷厉风行的果断，等等。这些优良的作风对于每一个孩子来说都是无比重要的，具备了这些优良品质的孩子，家长不必再担心他的未来。

优良品质既有自然而然形成的，也有在外力的助推甚至是强制下形成的。所谓自然而然地形成，指的是孩子从小受家庭环境的影响，从模仿开始，不自觉地形成的优良品质。

在孩子的成长过程中，不仅优良品质可以自然而然地形成，一些坏习惯如果不加以纠正也能自然而然地形成，而且常常比好习惯更顽固地根植于孩子的体内。这往往是受一些不良的教养习惯和社会环境等因素的影响形成的。

当我们要改变孩子的这些坏习惯、培养孩子的优良品质时，就不得不借助外力的作用了。对于外力的作用，我们家长并不陌生，甚至每天都在重复。比如，天天在孩子的耳边唠叨，给他们讲道理，有些家长甚至动粗……但往往不见成效。可见，坏习惯形成容易，要想改掉就难上加难了。

这就回到了我们前面提到的问题：军营是如何使一个人在短时间内脱胎换骨的呢？我曾经跟家长分享过，孩子身上的许多问题都是家长的问题。

而孩子之所以对家长的管束抵触、对抗，甚至是走向极端，原因也很简单，就是因为你是他的父母。他知道你对他的爱是无底线的，最终妥协的那个必定是你，所以这种抵触会愈演愈烈，直到达到他的目的为止。

而身处军营就不同了，在这里有军营的法则，没有人会迁就你所犯的错误，没有无底线的爱，只有一视同仁的标准。你没有借口，没有退路，只有接受，只有逼着自己改变，否则你就会在痛苦中挣扎。

这种改变一开始是痛苦的，但慢慢地就会变成享受，那些优良品质就在这种改变中慢慢形成了。这便是军营的法则，也是每个孩子成长的必修课。希望在接下来的课程中，我能与各位家长一起见证孩子的改变和成长。

只要坚持，一定会有改变！

目 录 <<<

第1讲　遵守规则　/　001
　　　——纪律是块铁，谁碰谁流血

第2讲　注重细节　/　011
　　　——叠的是被子，磨炼的是细节

第3讲　雷厉风行　/　021
　　　——磨叽是一种病，得治！

第4讲　不找借口　/　030
　　　——没有不能完成的任务

第5讲　敢于冒险　/　040
　　　——奇迹都是在冒险中创造的

第6讲　善做小事　/　049
　　　——要打中目标，先练好瞄准

第 7 讲　注重效率　/　057
　　　——快点儿干，剩下的时间都是自己的

第 8 讲　学会忍耐　/　065
　　　——当你不够强大时，要学会忍耐

第 9 讲　勤奋刻苦　/　072
　　　——才能的火花常在勤奋的磨石上迸发

第 10 讲　时间观念　/　079
　　　——迟到永远不是一件小事情

第 11 讲　永不放弃　/　087
　　　——和自己打一场持久战

第 12 讲　坚持信念　/　095
　　　——内心的力量决定道路的长短

第 13 讲　竞争意识　/　102
　　　——见第一就争，见红旗就扛

第 14 讲　足够自信　/　110
　　　——自信是成功的第一秘诀

第 15 讲　崇尚荣誉　/　118
　　　——拥有荣誉感，积极向上不偷懒

第 16 讲　充满热情 / **126**
　　——热情是熔化一切困难的岩浆

第 17 讲　战胜逆境 / **133**
　　——挑战自我，激发潜能

第 18 讲　学会自省 / **141**
　　——取人之长，补己之短

第 19 讲　爱有底线 / **150**
　　——别让"爱"成了"害"

第 20 讲　足够专注 / **158**
　　——专注力才是解锁人生的关键

第 21 讲　善于沟通 / **167**
　　——要架好心与心之间的桥梁

第 22 讲　善于谋略 / **176**
　　——培养一个大格局的孩子

第 23 讲　勇于担当 / **184**
　　——有责任心的人最值得信赖

第 24 讲　内心强大 / **193**
　　——远离脆弱才能不受伤害

第25讲　注重仪表　/　202
　　　　——把脸洗干净是对自己也是对别人的尊重

第26讲　领导能力　/　210
　　　　——精神层面的影响与带领

第27讲　尊重他人　/　219
　　　　——尊重他人才能赢得他人的尊重

第28讲　正直善良　/　227
　　　　——正直是筋骨，善良是血肉

第29讲　忠诚可靠　/　235
　　　　——忠诚是回报最丰厚的投资

第30讲　学会服从　/　242
　　　　——狼群精神的本质是服从

后记　/　253

第1讲 遵守规则

——纪律是块铁，谁碰谁流血

在现实生活中，大多数人都反感插队的人。那么，我们自己首先就要做一个不插队的人，这种高度的自觉性便可以简单地理解为具有良好的规则意识。所谓规则，是指经过严格的程序由权威机构制定出来，供大家共同遵守的制度或章程。比如，出行有交通规则，踢足球、打篮球都有相应的规则。所谓规则意识，就是指一个人发自内心、毫无条件地以规则作为自己行动准则的意识。

军营中如何培养官兵的规则意识

我们常说：3岁看小，7岁看老。对于孩子来说，规则意识的培养越早越好。但是，对于成年人，要想改变其行为习惯，就需要费一番周折了。

军营是一个特殊的地方，要年满18岁才能参军。也就是说，来到这里的都是成年人，他们的行为习惯已经养成。在这些人当中，自然会有一些人的规则意识不够强，甚至有很多孩子是家长已经管不了了，才把他们送到部队，期望他们在部队里有所改变。

我们常说：军营是个大熔炉，进去的是铁，出来的是钢。那么军营中是如何培养官兵的规则意识的呢？很简单，第一是严明的纪律；第二是不讲情面的惩罚手段。这是纠正坏习惯最有效的方法。

在部队，有一句经常挂在嘴边的话："纪律是块铁，谁碰谁流血；纪律是块钢，谁碰谁受伤。"在军人看来，纪律就是高压线，若要触碰必然会付出惨重的代价。当然，就算军营中有那么多规矩，但对于一个初涉军营的人来说，并非都是心甘情愿地去执行的，毕竟有些人存有侥幸心理，想随心所欲。所以，在军营中规则意识的培养和规则行为的落实是需要一个过程的。

首先，军营是一个庞大的群体，周围人的示范作用很重要。就像我们过马路，身边的人都在等绿灯，你也会站在人群中一起等；如果有个别人违背了这个规则，在绿灯没有亮之前就开始穿越斑马线，你可能也会心动，甚至也会跟着走。这便是所谓的"红绿灯效应"。

当一个新兵进入军营后，也会有"红绿灯效应"。但是，当他通过观察发现那些老兵都是遵守规则的人时，心里就应该有数了。他知道在这个群体里，不遵守规则是要付出代价的。这便是群体行为的影响。所以说，一个孩子处于什么样的群体之中就会成为什么样的人，是有一定道理的。

其次，规则是会受到挑战的，但挑战规则付出的代价是刻骨铭心的。刚才我们讲到新兵进入军营以后，周围人对规则的遵守会让他自然而然地对规则产生敬畏。但是，这并不意味着没有人去触碰规则的边界。

我们上军校的时候，平时是不可以外出的，只有在周末的时候才可以按照比例和规定的时间外出。通常情况下，一个班10个人，可以同时外出2个人，时间为上午8点到12点。外出的时候要拿着审批单经过门岗的审核，回来的时候要上交审批单，检查你是否超时。

按照这样的规则，差不多每个人每个月才能外出一次，所以外出的时光对我们来说是异常美好而短暂的。外出活动时段，我们通常是到商场购物，而且还要帮战友带一些他们需要的东西，所以短短的4个小时可谓是马不停蹄。即便这样，我们也会在规定时间之前到达门岗，进入军营，因为我们知道，超出规定的时间是要付出代价的。

但是，总会有一些人存在侥幸心理，想在外面多待一段时间。他们会想，我稍稍晚几分钟，或者晚半个小时不会有问题吧？于是，就开始有人尝试了。记得我们班的一个人在一次外出时，比规定时间晚回来10分钟，门卫便把他拦下来，然后给学员队打电话，要求把他带回去并按照规定进行处理。回到学员队后，他以各种理由找借口，比如赶不上公交车，帮同学买的东西太多了，需要跑很多地方，时间根本不够用，等等。但是不管他有什么理由都是无济于事的，当天晚上点名的时候，学员队就对他进行批评警告；所在的班级也做出决定，本学期他不再有外出的权利。

其实，这本是一件看似很小的事情，但在军营却被高度重视。可见，如果触碰其他更重要的规则，受到的惩罚会更严厉。经过这件事情以后，就不再有人延迟归队了。效果很明显，也警示了所有的人要养成守时的习惯。我想，人家肯定接触过有从军经历的人，最明显的感觉就是他们的时间观念特别强，几乎从不迟到。

我们已经进入一个为破坏规则买单的时代

就拿不久前发生的一件事来说吧。当时，我在一个图书馆给孩子们讲座，其中也有家长参加，最后的环节是小朋友们提问。我想身为家长，这时候所有人都会希望自己的孩子能够勇敢地站起来提出问题。但当时的情况是，很多孩子缺乏勇气，不敢在公众面前提问。

然而，有一个男孩子就表现得很勇敢。他站起来，大声喊："我要提问。"于是，我把第一个提问的机会给了这个男孩儿，还表扬了他的勇敢。周围的家长也纷纷投去欣赏的目光。不过后面发生的事，就很令家长们不满。这个男孩儿不管其他人是否举手，只顾满足自己的表达欲，大吼大叫不交出话筒,并且在给了他两次回答机会后依然如此。

其实,我们可以看到这个孩子身上有很多闪光点,比如敢于表达自己的观点,但同样也存在着严重的问题,那就是缺乏规则意识。正因为不守规则,才使得一个本来优秀的孩子变成了一个不招人喜欢的孩子。用发展的眼光看,如果这个孩子走向社会,他身上的闪光点很有可能会被这个致命的缺点所掩盖,从而失去很多机会。

我们处在一个有规则的社会中,不同的环境有不同的规则。可以说,我们已经进入了一个为破坏规则买单的时代。简单地讲,你不遵守交通规则会被扣分罚款,酒驾和醉驾的惩罚更加严厉。

那为什么还有人要破坏规则呢?这是因为一开始破坏规则是会让人尝到甜头的。比如说,不等绿灯,你可以比别人先过马路。但是,甜头过后往往是致命的伤害。甜头会使你一次次地破坏规则,而恶果就会随之而来。比如,经常闯红灯,说不定哪一天就会出车祸。总而言之,破坏规则的人最终是要为其违规行为买单的,而且往往是一张巨额"罚单",令其受害终身。

如何培养一个遵守规则的孩子

培养孩子的规则意识越早越好,而且要贯穿在生活的点滴之中。

一、家长的表率和引导作用很重要

我们来回顾一下前面那个小男孩儿的故事。我清晰地记得,在提问现场,那个一直抢话筒、大声说话、干扰别人提问的小男孩儿的母亲就坐在他的旁边。那位母亲是怎么做的呢?她全程无视孩子破坏规则的行为,甚至其他家长对她的孩子进行批评时,她都没有去教导自己的孩子要安静地坐下来聆听别人的提问。读到这里,可能大家已经明白这个孩子为何缺乏规则意识了——源头在他的家长,因为家长同样没有规则意识。

作为家长,您在生活中处处规范自己的行为,那么您的孩子自然会潜移默化地受到熏陶。例如,家长不乱丢垃圾,这样的表率作用自然会影响到孩子。当然,如果孩子违反了规则,家长就要及时教导,引导孩子遵守规则。

二、规则意识的培养越早越好

规则意识的培养肯定是越早越好,这就是在军营中为什么新兵入伍的第一天进行的不是军事训练,而是条令条例和各种规章制度的学习,以及军营生活方式的养成教育。对于孩子也是如此,培养规则意识越早越好。举个简单的例子,孩子开始学吃饭以后,很多家长会追着孩子喂饭,而有些家长会把孩子放在儿童餐椅里喂饭,然后逐渐过渡到孩子自己坐在餐桌旁吃饭。那么,随着孩子的成长,我们会发现,被追着喂饭的孩子在吃饭时是没有规矩的,而从小养成在儿童餐椅里吃饭的孩子则很守规矩。

三、适当进行惩罚是重塑规则意识的有效途径

对于小时候没有形成规则意识,不断挑战规则底线的孩子,适当地进行惩罚是非常必要的,而且要持之以恒。在这里,我们要明确一个概念:惩罚不等于体罚。惩罚可以是精神层面和物质层面的剥夺,要触碰孩子的痛点。比如,你要求孩子不要乱扔玩具,但他却从不照做,这时你就应该严厉地对孩子说,一个月之内不会再给你买新玩

具。在这期间，孩子看到喜爱的玩具想买的时候，无论如何求情，你都不要心软妥协，因为只有铁的决心，才能有铁的效果。这也是一种惩罚。

四、规则意识始于家庭，所以家庭规则的制定尤为重要。

在这件事上，让孩子参与进来是非常必要的。规则的制定不是一个人说了算，只有经过严格的程序和具有广泛的代表性的规则，才能得到认同和遵守。家庭规则的制定同样如此。让孩子参与家庭规则的制定，除了表示对孩子的尊重外，还会增强他遵守规则的自觉性。但在制定规则时，要坚持原则，不能迁就孩子的无礼要求。

小故事大道理

季羡林先生在他的散文集《留德十年》中曾写到这样一个故事：第二次世界大战后期，盟军进入对德军的大反攻阶段，当时苏联红军将德国首都柏林包围，德国百姓的生活陷入了前所未有的困境，食物短缺，燃料匮乏。由于德国冬季非常寒冷，燃料缺乏会导致许多居民被冻死。为了生存，一些居民开始进山砍伐树木当作燃料取暖用。当时的德国行政管理名存实亡，基本处于无政府状态。

　　但是在第二次世界大战结束后，人们却惊讶地发现，整个德国竟然没有发生一起滥砍滥伐的事件。所有德国人都严格遵守国家规定：只砍枯藤朽木。可见，德国人遵守规则的意识已经深入到骨子里，即使处于无政府状态，也不会有人破坏规则。

第2讲　注重细节

——叠的是被子，磨炼的是细节

> 老师们经常会遇到这样的情况：考试结束的时候会发现，有的考卷没有填写姓名，有的忘了写学号。家长们也常常为孩子写作业时小数点点错位置而发怒。其实，这就是做事不注重细节的表现。

叠的不是被子，是"细节"

战场上，一个口令的传输出现差错，一个数据的计算出现问题，也许就会导致整个战斗行动的失败。所以，在军营中，对细节的追求可谓是到了"变态"的程度。对注重细节的培养绝对是无处不在。

就拿军营的内务来说吧。解放军有"三大条例",其中一个就是《内务条例》,其各项规定都细致入微。中国军人叠被子的本事绝对是世界一流的,不仅方方正正,可以说和刀切出来的豆腐块差不多。

记得刚考上军校的时候,我们每天都要练习叠军被。相信每一个和我有同样经历的人,当时对叠军被都是痛恨的。为了能把被子叠得棱角分明,我们用了很多非常规的办法。比如往被子上洒水,这样被子才会变得更板正;比如为了节省叠被子的时间,晚上睡觉的时候宁可冻着也不盖被子。当然,对叠军被的恨只是暂时的,当我们熟练地掌握了技巧,两三分钟就可以把一床被子变成一个豆腐块以后,我们就不再痛恨叠被子了。

"把被子叠出棱角,把自己磨掉棱角",这才是叠军被的真正目的。不仅是叠军被,我们生活和训练的点点滴滴都是非常注重细节的。比如,检查内务卫生的时候要戴着白手套摸那些角角落落,看看有没有灰尘;我们走的每一步都是75厘米,向前摆出的手臂都是30厘米;我们5公里越野的时候争的是每一秒;瞄准射击的时候,精度要达到微米……

对细节的磨炼使我们形成了做事追求高品质的习惯。随着阅历的增长，我们也发现，成功的奥秘原来都藏在细微之处。"天下大事，必作于细。"这句话也将永藏于心底。

想想我们的生活，因为不注重一个小的细节而导致失败的事情比比皆是。培养孩子注重细节的品质应该是从幼小的时候开始，无论做什么事情都不能以"差不多""大概其"为标准，而应该把事情做到最后的那百分之一，成为从众多平淡的人或事物中突显出来的那一个。

一百减一等于零

我们执行一项任务，或者落实一项工作，90%的人可以完成，80%的人可以做得比较完善，也许只有10%甚至更少的人可以做到完美。而那10%的人也许只是比前面90%的人多做了1%的事情——这1%就是细节。100减1等于0，就是这个道理，如果没有做最后这1%，前面的99%都是白做，等于零。

只要再多花一点儿心思，完善这1%，你便会从人群中突显出来。这让我想起了一个人，他是我刚刚留校工作时带过的一个学生。当时我带的那批学生有 50 多个人，都是从部队考入军校的。这个学生比较内向，各方面也不突出，所以我对他的印象不是很深刻。再次对他重新认识，是几年后的一次偶然相遇。当时，我到部队去调研，正和一起去调研的同事在部队的机关大楼里行走，突然有一个人喊我。

我回头一看，那是一张熟悉的脸，但一时想不起他的名字了。这个人就是我刚刚提到的那个学生，他毕业后被分配到这个部队已经有几年了。按照他工作的年限来算，正常的话他应该是正连级，提拔快一点儿的会是副营级。然而，我没想到的是，他已经是正营级，在该部队任政治处的副主任。

我到部队调研的任务就是要了解我们学校毕业的学员在部队的成长情况，以便调整我们的教学方案。于是，我就问他为何比同批的学生提拔得快很多。他腼腆地说："靠的是运气。"其实，后来听完他的讲述，我知道他的提升跟运气无关，靠的是"注重细节"四个字。

原来，他分配到部队不久，有一次机关从新干部中挑选了十几个字写得比较好的人到政治部门整理档案。每个人平均分配,需要整理的档案是一样多的。其他人都想尽快把档案整理完,交差走人。而他则不同,整理档案时需要重新补充的资料很多,而且需要手写。每一份档案他都极其认真地对待,特别是手写的部分,可谓是精益求精。

工作结束后,一位领导检查档案,发现我这个学生手写的档案可以用"完美"两个字来形容,于是特别想知道是谁整理的这些档案。就这样,我的这个学生受到了领导的关注,被调入政治机关。后来,他凭借着做任何事都把细节做到位的精神,得到了领导的赏识和同事的认可,提升自然也就比其他人快很多了。

回想那几个和他一起整理档案的人,同样是完成了相同的工作,但也许就是因为差了那1%的细节,丧失了被选中的机会。

机会往往藏于细节之中,说不定哪天就会悄悄降临到你的头上。所以,培养孩子注重细节的品质,就等于在为孩子创造成功的机会,多一分细致就多一分成功的可能。

如何培养孩子注重细节的品质

我们可以借鉴军营中培养军人注重细节的方法,从以下几个方面培养孩子注重细节的品质:

一、看似无意其实有意的点滴培养

前面讲军营生活时,我们可以看出,对军人注重细节的培养是融入军营生活的点点滴滴的。但是,军营中的做法是有意的,甚至是刻意的,在家庭生活中培养孩子注重细节的品质就要讲一些技巧了。

比如和孩子进行记忆力比赛。这种方法可以在任何时间、任何地点进行。比如我们去超市购物的时候,跟孩子说"看看咱们两个谁能记住这个货架上有多少种货物"。在回家的路上家长和孩子开始比赛,看看谁说出的多,多者获胜。一开始,家长也可以故意少说,让孩子找到成就感。

这种看似无意其实有意的点滴培养方式,便是一种行之有效的方法。时间长了,孩子就会养成注意观察和刻意记忆的习惯,很多细节问题就逃不过他的眼睛了。

二、在游戏中培养孩子注重细节的能力

游戏是孩子最容易接受的方式。其实成年人也一样，在军营中很多训练也具有游戏的成分，这样才能让训练不那么枯燥。

有很多游戏可以培养孩子注重细节的品质，比如有一种叫"找不同"的游戏。两幅看似完全相同的画，只在细节上有一些微妙的差别。这种游戏考验的就是对细微之处的洞察力。相信大家都玩过这种游戏，也能感受到它对提高观察能力的作用。

一开始诱导孩子玩这种游戏的时候要从易到难，不要一上来就特别难，让孩子产生强烈的受挫感，那样他就会对这种游戏失去兴趣。随着难度的增加，孩子对细节的洞察力也就越来越强了。

三、在阅读中培养孩子注重细节的能力

阅读是我特别推崇的一种方式，低龄段的孩子可以看一些"闯迷宫"之类的书，高龄段的孩子可以阅读一些少儿文学类的书，比如说少儿军事小说和少儿侦探小说。前

不久就有一位家长跟我提到了我写作的书中的一个细节。他说："八路老师，你写的通过车辙印判断敌人逃跑路线的细节，我和我儿子研究了半天，真的是收获不小啊！"这段故事，我是通过车辙的宽窄、深浅、纹理、停顿与加速等众多细节的描写，让读者自己去判断敌人的逃跑路线，而谜底在后面才会揭晓。通过阅读带有故事性的细节描写，孩子更容易有身临其境之感，洞察细节的能力也就潜移默化地形成了。

又比如侦探小说，大侦探福尔摩斯每次破案靠的都是对细节的洞察力。这些文学作品对孩子具有强大的吸引力，所以对培养孩子注重细节的能力是非常有效的。

四、巧用棋类培养孩子对细节的洞察力

细节不仅仅是记忆，更是一种观察、思考的能力。棋类在培养孩子洞察细节的能力方面具有不可替代的作用。喜欢下棋的朋友都知道，不管是象棋、围棋，还是跳棋，高手要在脑中推演下棋的过程，至少要想到三步以外的局势，军事上的"兵棋推演"就来源于此。一步走错，就会满盘皆输。所以，下棋对于培养孩子洞察细节的能力有独

特的妙处。

军事演习和下棋有一个相同的环节,我们称之为"复盘",即在军事演习结束后,把敌我双方的战斗过程从头到尾地复原,每一个细节都不放过,这样才能认清成败得失,以利再战。所以,在下棋的过程中通过复盘,可培养孩子注重细节的能力。

总之,不管是什么方法,贵在坚持,任何好的习惯都是长期坚持的结果,不能坚持到底一切都是空谈。我们要牢牢地记住这句话——使人疲惫不堪的不是远方的高山,而是鞋里的一粒沙子。而这粒沙子就是所谓的细节,切记千万不要让一粒沙子毁掉了你远足的梦!

小故事大道理

"马蹄铁效应"源于一场真实的战斗。1485年,英国国王查理三世与亨利伯爵在波斯沃斯展开决战。查理三世的马夫在为他准备战马时,其中一块马蹄铁少钉了一颗钉子。战斗打响,查理三世十分勇猛,骑着战马冲锋陷阵,敌人的士兵被勇猛的查理三世吓得连连后退。可就在这时,少钉了一颗钉子的马蹄铁突然掉了。查理三世的战马翻倒在地,本已溃退的敌军冲上来将他俘获。

后来,人们评价说:细节决定成败,帝国亡于铁钉。"马蹄铁效应"便来源于这个故事。少了一颗铁钉,丢了一块马蹄铁;少了一块马蹄铁,摔倒一匹战马;摔倒一匹战马,败了一场战役;败了一场战役,失了一个国家!

第3讲　雷厉风行

——磨叽是一种病，得治！

> 每个行业都有自己的口头语。军人有一句口头语："别磨叽！"磨叽本是方言，指的是做事速度慢，拖泥带水。军人总是风风火火，做事雷厉风行，这就是执行力——以最高效的方式，高质量地完成任务的能力。磨叽的人在军营里是最不招人喜欢的，在军人看来，磨叽是一种病，得治！

军人以服从命令为天职

入伍的第一天，每一个军人听到的第一句话也许就是

"军人以服从命令为天职"。令行禁止，是军营的第一法则。军人在执行命令方面是绝对不能打折扣的，而且上级不会听你讲那些啰里啰唆的客观条件，只问你能不能完成任务。而你需要回答的也只有"能"或"不能"。况且，在军人的字典里是没有"不能"这个词的。

军人为什么要把"服从命令"作为第一准则，对执行力如此重视呢？这是由军人的特殊职业所决定的。可以试想，在战场上如果军人没有执行力，不能做到令行禁止，上级命令你往前冲你却往后跑，那样的话战斗的结局只有一个——战败。

人没有生而无畏的，战场上血雨腥风，炮声隆隆，子弹从耳边飞过，冒着随时牺牲的危险，谁都有可能害怕。所以，必须靠不讲条件的第一铁律，也就是服从命令这一准则，从精神上约束军人。当然，遇到危险、看到战友就倒在自己的身边，也许会有人想逃跑，但是在战场上当逃兵同样是死路一条。

在和平时期，军营对执行力的要求也是不打折扣的。成吉思汗说："只有磨尽马蹄的人，才能走到天边；只有磨尽刀刃的人，才能压倒敌人。"这句话讲的就是执行力，而且执行力要求的不仅仅是做，而是要竭尽全力以最高的标准去做。

执行力并不仅仅是立即执行，还包括保质保量地按时完成。所以，在军营中不仅强调军人雷厉风行的作风，也很注重任务完成的标准。

部队在布置任务时都要明确具体的起止时间和完成标准。在规定的时间到达后，上级会对任务进行验收，而验收的结果直接决定着对一个指挥官和一支部队的评价，也决定着军官的提升和对部队优劣的考评。正是由于军令如山的纪律和正确的评价方式，才养成了军人良好的执行力。

不去做，一切都是空想

执行力对于普通人，尤其是孩子到底重不重要呢？我们可以先对照一下自己的生活。作为家长，你有没有为孩子的下列行为而苦恼，甚至是大发雷霆？早晨，你叫孩子起床，喊了无数遍孩子都没有动静；晚上，你喊孩子洗漱睡觉，同样喊破了喉咙，孩子仍是无动于衷；放学回来，孩子写家庭作业，本来半个小时就能写完的作业，孩子要写一两个小时，甚至拖得更久。这些琐事每天都在发生，而且每天都在重复。有些孩子对家长的话置若罔闻，要他做的事情反复说了好多遍，他都不去做，简直令家长暴跳如雷。

其实，孩子的这些行为都是缺乏执行力的典型表现。所以，执行力不仅对军人，对普通人同样重要。不去做，一切都是空想。对于一个孩子来说，执行力会让他从一个梦想家变成实干者。

每个人都有惰性，有人说克服惰性是很难的事情。但事实是这样吗？

大家可能听说过"孙子练兵"的故事。吴王阖闾让孙子把一群宫女和他的两个爱妃在三个时辰内训练成士兵，一开始宫女和妃子们嬉笑打闹，根本不听孙子的指挥，孙子在两次警告后，第三次直接命令士兵将两个妃子斩首。结果，宫女们再也不敢嬉闹，转眼间就做到了令行禁止，按照孙子的操练变换各种队形，没用三个时辰就变成了训练有素的士兵。

通过这个故事可以看出，作为普通人的我们不是没有执行力，而是鞭子没有抽到身上。可是，当鞭子抽到我们身上的时候，也许很多事情就晚了。比如，因为你总是不能圆满地按时完成任务，说不定哪天就会被解雇。孩子平时学习拖拖拉拉，期末就会忙得焦头烂额……

生活中如何培养孩子的执行力

前面我们讲到军人的执行力之所以强，除了军令如山，还因为有规范的制度，也就是对完成一项工作给出明确的起止时间和完成标准。这个方法在家庭生活中也可以借鉴。

我们可以给孩子制定明确的家庭规范，比如起床、洗漱、完成作业等的时间和标准，在征得孩子同意后贴在明显的位置。

规则制定出来容易，要执行起来并不是一件简单的事情，所以还要采取以下措施：

一、制定相应的奖惩措施，并严格落实

就像在军营中对完成任务与否给予奖惩一样，家庭生

活中可以用这种方法来激励孩子。针对每天要完成的生活项目，制定出相应的奖惩办法，并进行公布。比如按时起床加一分，在规定的时间内高标准完成作业加两分，反之就会被扣分。当分值积累到一定数量时，孩子可以用分值兑换一个愿望。孩子会很期待愿望的实现，同时也懂得了世界上没有不劳而获的东西，执行力在这个过程中也就自然而然地形成了。

需要注意的是，如果孩子扣分比加分多，一直没能实现自己的愿望，得不到自己想要的东西，他肯定会以各种手段迫使家长妥协。这时，家长一定要坚守底线，决不妥协。因为一旦妥协，这个奖惩机制就会彻底土崩瓦解，以后也难以奏效。

二、善用夸赞

在培养孩子执行力的过程中，要尽量多用正面的夸赞，不用或少用反面的说教。比如孩子听到闹钟马上起床，家长可以趁机夸赞："你真棒，简直像一个小战士。"如果孩子赖在床上不起，尽量不要用"你这个大懒虫，怎么这么没出息"之类的话，而是使用类似"加油！你能战胜瞌睡虫的,小勇士"这样的鼓励性语言。

鼓励的话会让孩子找到被尊重的感觉,也就会把自己置身于家长所鼓励的语境中,比如真的把自己当成"小勇士"而不是"大懒虫"。

三、发出预告

孩子开始在执行"任务"的时候往往是没有时间观念的,可能会拖拖拉拉,到最后才着急。所以,这就需要家长发出时间预告。就像我们考试的时候,距离考试结束半小时监考老师会发出预告,距离考试结束15分钟时老师又会预告一次一样。

比如快到上床睡觉的时间了,家长可以提前预告:"还有10分钟就要睡觉了,该去刷牙了。"如果孩子还是没反应,可以倒计时,而不是等到该睡觉的时间直接朝孩子吼:"马上刷牙,然后睡觉。"如果孩子麻利地去执行,别忘了给他加分并鼓励,反之就要扣分并提醒。

我们讲的对孩子执行力的培养和要求都是建立在家长率先垂范的基础之上的。

一个做事拖拉的家长是不可能培养出一个干脆利落的

孩子的。比如，家长坐在沙发上玩手机，却朝孩子大吼："马上去刷牙，睡觉！"这样的吼叫是多么苍白无力啊！

要求孩子做到的，家长应该首先做到。只有家长以身作则，孩子的执行力才能有效提升。培养孩子的执行力对大多数家长来说是一个互相带动的过程。相信经过一段时间的努力，收获执行力的不仅仅是孩子，家长同样会受益。

小故事大道理

有这样一个故事：一群老鼠研究如何对付可恶的猫。很多老鼠都提出了自己的建议，但是老鼠首领认为都不理想。这时，有一只年纪大的老鼠说："我有一个好办法。"

众老鼠的目光都聚焦到这只年纪大的老鼠身上。这只老鼠说："我的办法就是在猫的脖子上挂一个铃铛，这样只要它一动，我们就能听到声音了，也就能躲开它。"

这办法得到了众老鼠的认可，老鼠首领也是连连点头。于是，它就问："有谁愿意去把铃铛挂到猫的脖子上啊？"

这时所有的老鼠都不说话了，包括那只想出办法的老鼠。最终,这个绝顶聪明的办法因为没有老鼠去落实而不了了之,而老鼠们则继续被猫困扰着,并不断有同伴被吃掉。

这个故事告诉我们:没有执行力,再好的想法都是没用的。

第4讲　不找借口
——没有不能完成的任务

> 　　中国人民解放军空降兵的特种部队——雷神突击队有一句口号："没有不能完成的任务，没有无法到达的地域。"空降兵是一个非常危险的兵种，需要跳伞执行作战任务，而且往往是降落在敌人的后方，也被戏称为"被围歼"的部队。就是这样一支部队，在他们看来没有完不成的任务，也没有无法到达的地域，一切不能完成任务的理由都是在为自己找借口。

不找借口是部队最重要的行为准则

在军营中，借口没有合理与不合理之分，只有"不许有借口"的准则。合理的训练是训练，不合理的训练则是磨炼。每一个军人都必须明白，无论在什么样的恶劣环境中，你都要对自己的行为负责，都要竭尽全力去完成任务。

有一句话说得好："军人的胸口朝向敌人，后背留给人民。"如果军人在执行任务时总给自己找借口，那么在保卫国家领土完整和人民安全的战场上就会给自己找出一万个可以撤退的理由。在国家的生死存亡面前，没有借口可找。这是每个军人的准则。于是，不找借口的军营法则，让一批又一批的军人养成了迎难而上、敢于啃硬骨头、敢于打硬仗的作风。

还记得我一开始提到的空降兵雷神突击队的口号吧？"没有不能完成的任务，没有无法到达的地域。"这句话让我想起了一位战友的经历。他是我军校的同学，毕业后我们被分配到天南海北的部队中。再次相见，是我们毕业后10年了。与同龄人相比，他看上去要显得老很多，皮肤黝黑且粗糙。

两个人见面聊了各自分配到部队后的经历。当年，他被分配到了西藏。刚刚到部队报到，第二天就跟随着部队一起开拔了。他们去执行什么任务呢？原来是去无人区铺设国防光缆。西藏的无人区有多艰苦是常人无法想象的，以至于给再多的钱都找不到任何一支施工队来这里施工。这些常人甚至动物都不来的地方，只有中国军人能坚守下去。

他跟我说，当时到达无人区以后，每天就是拿着镐头挖沟，因为国防光缆要铺设在地下。孤独、劳累，就像在地狱一般。不到一个星期，他便认为自己无法再坚持下去了，那种绝望是没有经历过的人永远无法体会的。光缆一天天地、缓慢地向前推进，他甚至认为这辈子都不可能把光缆铺设完。

"没有中国军人不能完成的任务。"我记得他是这样跟我说的。凭借着不找借口的这种顽强劲儿，一个从军校刚刚毕业的大学生竟然奇迹般地坚持下来，在无人区整整挖了半年的光缆。当国防光缆铺设完成的那一刻，他们比谁都自豪，因为战时这条光缆就是把命令传向战场的通道。

看着他沧桑的脸，我的敬佩之情油然而生。如果当初他给自己找一个借口，比如身体生病不能再参加艰苦的工作，也许他能从无人区全身而退，但是他没有那样做，因为"没有不能完成的任务"是他无法动摇的信条。后来，因为表现出色，他从西藏被调到北京，进入军委机关工作。我想这段经历对他来说成了一笔最宝贵的精神财富。

任何借口都是推卸责任

所谓借口，就是"假托的理由"，也就是不是理由的理由，换句话说，是掩人耳目、自欺欺人的小伎俩。比如，上班迟到，借口可以是堵车、自行车爆胎等，但只有自己知道真实的情况是自己睡懒觉起晚了。

可以说，任何借口都是推卸责任。在责任和借口之间，选择责任还是选择借口，将直接决定着一个人的做事态度，决定了一个人的学习和工作效率，同时也是一个人能否成功的关键。正如美国成功学家格兰特纳所说："如果你有自己系鞋带的能力，你就有上天摘星星的机会！"

大家都知道，楚霸王项羽是个大英雄，但最终却败在了刘邦的手下。项羽战败，在乌江边自刎时说："天亡我，非战之罪也。"意思是：不是我不会打仗，是老天要我灭亡！熟悉这段历史的人都知道，项羽一生犯过的错误数不胜数，比如赶走谋士范增、鸿门宴上的优柔寡断、对待刘邦父亲的妇人之仁……这些都是他失败的原因。然而直到他被逼上绝路、自刎之前，都还在为自己的失败找借口。所以，项羽是败在了总在为自己的一次次失利找借口上。

不管是对孩子，还是对我们成年人来说，借口就是精神鸦片，能够让人上瘾。如果你在工作中以某种借口为自己的过错开脱，而你的上级也相信并原谅了你，那么，你就有可能沉浸在侥幸的喜悦之中，这种用借口换来的舒适和安逸很容易让你上瘾。于是，你会第二次、第三次为自己的不努力寻找借口，逃避、寻求安逸便会成为一种习惯。精神鸦片会让你不思进取，最终一事无成，这才是最可怕的。

如何培养孩子不找借口的习惯

孩子喜欢找借口为自己开脱，跟家庭的教养方式有着很大的关系。我们不妨从以下几个方面入手：

一、避免错误的教养方式

我们先来看一种现象。现在的孩子都是掌上明珠,不管是爸爸妈妈,还是爷爷奶奶或外公外婆,带孩子的时候都习惯于对孩子百般迁就,即使是孩子犯了错误也总是把责任往自己身上揽,或者推卸到其他的人或事上。

比如,小孩子学走路的时候,难免磕磕碰碰,被摔疼了自然会哇哇大哭。这个时候,家长尤其是爷爷奶奶或外公外婆就会心疼地把孩子抱起来,然后用力拍打地面或者桌椅,还念念有词:"都是它不好,打你,宝贝别哭。"

这种错误的教养方式向幼小的孩子传达了什么样的信息呢?那就是:不是我的错,是地面或桌椅的错。可明明是自己的原因,却把责任推卸给外物,这便是为自己的错误找借口。这种错误的教养方式只会让孩子养成爱找借口的坏习惯。

生活中这样的例子还很多,如果不改变这种教养方式,孩子就会成为无辜的受害者。其实,我们可以换一种方式来进行。比如还是刚才孩子跌倒的事情,家长可以扶起孩子,鼓励他说:"宝贝,你已经走得很棒了",再慢一些、稳一些就不会跌倒了。"这样既鼓励了孩子,又让孩子正视了自己的不足,避免养成找借口掩饰自己错误的习惯。

由此可见,造成孩子爱找借口的原因跟家长的教养方式有着密切的关系。因此,家长要以身作则,改掉错误的教养方式,特别是自己的思维习惯。让孩子明白,遇到困难要积极地想办法解决,而不是一味地找借口推脱。这样才能培养出一个只为成功去努力,不为失败找借口的孩子。

二、面对喜欢找借口的孩子要不迁就,不妥协

当孩子为自己的一个小错误找借口的时候,家长切不可当作无足轻重的小事放任自流。比如孩子没写完作业,他找了一个冠冕堂皇的理由,而做家长的明明知道他在找借口,却不揭穿他的谎言。这样会让孩子以为自己的小聪明得逞了。坏习惯一旦养成,要想纠正很难,所以必须防微杜渐。

家长要及时引导孩子认识到找借口是错误的,要敢于为错误承担责任。同时,还要分析孩子找借口的原因。有些是不想承担责任,有些则是善意的谎言,比如为了满足

父母的愿望，或者不让父母担心。所以，家长既不能迁就孩子找借口的习惯，也不要不分青红皂白地对孩子进行指责，只有找对原因才能对症下药。

三、可以鼓励孩子多看一些纯正的军事题材书籍和影片

纯正的军事题材书籍和影片，向读者和观众传达的是阳刚热血的正能量。比如，军人执行任务时不找借口的作风。不久前热播的《红海行动》《战狼》等影片，都能激发人们对军人的崇拜，以及对军人品质的学习热情。

当然，有些军事题材的电影或书籍不适合少年儿童看，因为里面可能会有血腥和暴力的情节，所以最好看专门为孩子创作的军事题材的书籍和影片。这些年我就致力于为孩子们创作少年军事小说，其目的就是想让孩子通过阅读，学习军人身上的优良作风，从而培养孩子们的阳刚品质。

四、可以适当参加高品质的军事拓展训练

军事拓展训练中的一些项目对培养孩子不找借口的习

惯很有帮助。因为在一些军事拓展训练中，孩子——营员会在教官的命令下去执行一些超出他们能力范围的任务。比如，有些孩子恐高，教官却让他进行高空项目的训练。如果是在家长的要求下，孩子肯定会退缩的。但在教官面前，会激发孩子的勇气和斗志，教官也不会听他的任何借口，也不会做出任何妥协。

但这里要强调的是，目前市场上的军事夏令营和拓展训练机构鱼龙混杂，一定要选择那些经验丰富，且具有正规资质的军事拓展机构。不过这只是一种辅助方法，不能完全寄希望于孩子经过短期的训练就能有本质的改变。在拓展训练结束后，家长要继续引导，将训练中养成的习惯延伸到日常生活和学习中才能有效。

总之，只有不找借口，才能不断进步。无论社会发展到何时，丛林法则的本质不会变，只有把自己变得更加强大，才能适者生存。

小 故 事 大 道 理

一个农户家鼠患成灾，家里养着一条大黄狗和一只大白猫，然而大白猫却不去捉老鼠。无奈，大黄狗只好去捉老鼠。但它不在行啊，所以收效甚微，还被大白猫耻笑："狗拿耗子——多管闲事。"

大黄狗生气地问白猫："你为什么不捉老鼠呢？"白猫说："因为主人不给我吃鱼，我饿，没力气怎么捉老鼠？"

大黄狗信了白猫的话，就去主人那里帮白猫讨来几条鱼。白猫吃了鱼，一脸满足地躺在窝里呼呼大睡。大黄狗质问白猫："你吃了鱼，有了力气，怎么还不去捉老鼠呢？"

白猫懒洋洋地说："都吃饱了，还捉老鼠做什么？"大黄狗气得汪汪直叫，只好自己继续去捉老鼠，而这只总是给自己找借口的懒猫最终被主人踢出了家门。

这个故事告诉我们：很多事情不是我们不能做，而是我们不想做，所以便一次次地找借口，最后受害的终是自己。

第5讲　敢于冒险

——奇迹都是在冒险中创造的

人类的发展史就是一部冒险史,从探索地球到探索宇宙,人类冒险的步伐始终没有停止。发现美洲新大陆,是哥伦布海上探险的结果;镭的发现、原子弹爆炸成功,是科学家冒着生命危险无数次试验所取得的成果。如果没有冒险精神,今天的我们就不知道什么是电,也见不到地上跑的汽车和天上飞的飞机。我们可以用另一个词来代替冒险,那就是"开拓"。冒险精神从某种程度上说就是开拓精神。

军事行动充满冒险色彩

军人本就是一种高风险的职业,而军事行动又充满冒险色彩。所以,军营尤为重视对军人冒险精神的培养。任何一个新兵从入伍开始,都在不断地挑战第一次。而且冒险是没有止境的,冒险的极限也在一次次刷新。

我们从最简单的说起。新兵要进行各种基本训练,而训练对很多人来说就是一次次挑战,比如第一次开枪,第一次投手雷,第一次走高空绳索,等等。每一次挑战对新兵来说都是冒险,都要克服难以逾越的心理障碍,一次次地走向成功。

不要以为冒险只是新兵的遭遇。在任何一个军人的整个军旅生涯中,冒险从来没有停止过。比如空降兵,要背着伞包从几千米的高空跳下来,这绝对是一种挑战,是冒险。一个老空降兵可以说自己跳过无数次伞,但这并不意味着跳伞就是轻车熟路。因为跳伞时的气象条件、地域、高度等不同,使得每一次跳伞都不同。而且训练的时候会不断增加难度,比如训练极限跳伞,要求伞兵在距离地面很低的时候才能开伞,如果开伞失败就意味着死亡,所以冒险的极限被一次次地刷新。正是在一次次的刷新过程中，才练就了空降兵一身过硬的本领。当然，其他兵种也一样，只不过训练的内容不同而已。

在军营中，训练要不断地冒险，不断地挑战极限。战时更是如此。战场是变化莫测的，再先进的侦察工具，再出色的指挥官，也不能完全准确地获得战场信息。所以，每一场战斗都是一次冒险。对于个体的军人来说更是如此，每一场战斗都可能是有去无回。所以，在军营中有一句话："平时多流汗，战时少流血。"这句话的意思是，只有做好充足的准备，练就一身的本领，打仗的时候生存下来的可能性才更大。可见，军人要时刻做好打仗的准备，也就是时刻做好冒险的准备。

从上面的分享中我们不难看出，军营中培养的不仅仅是军人敢于冒险的精神，更重要的是善于冒险的能力。这一点是非常重要的。善于冒险指的就是为冒险所做的充足准备，而敢于冒险则是在做好准备的情况下敢于亮剑，敢于行动。

寻找冒险和保守的平衡点

我们常说"机遇和挑战并存",也就是说,冒险取得的成功和冒险可能遇到的风险是同时存在的。冒险的程度因人而异,因为每个人承担风险的能力不同,所以如何根据每个人的情况寻找冒险和保守的平衡点是关键。

首先,我们要明确冒险不是冒失,是在充分准备后进行的具有挑战性的行为。不管是哥伦布发现新大陆,还是郑和下西洋,都是经过精心准备的。没有任何准备,只是凭头脑发热一时冲动的冒险往往是很难取得成功的。所以说,精心的准备可以规避很多风险,让冒险离成功更近一步。

其次,要针对个人的情况对承受风险的能力进行评估。冒险就意味着存在风险,而寻求安逸势必会让人变得平庸,甚至会出现生存危机。在现实生活中,我们可以发现身边有很多有才华的人,比如有的人唱歌唱得比歌星还好听;有的人写作比作家还厉害,也就是所谓的民间高手;有的人上学时学习成绩特别优秀,但在工作中往往不一定是最好的,甚至是比较平庸的。其中一个主要的原因就是缺乏冒险精神。一个人再有才华，如果不敢于表现自己，迈出挑战自己的步伐，成功的机会是不会从天而降的。比如"大衣哥"朱之文，如果不敢走上选秀的舞台，永远不会成为一个家喻户晓的农民歌手。这也就是我们前面所提到的"成功不仅属于有准备的人，更青睐敢于冒险的人"。至于是选择冒险，还是选择保守，个人在做出决定之前需要做出一个判断，只要是在你能够把控的范围之内，冒险又何妨呢？

如何培养孩子的冒险精神

由于传统观念和教育理念的影响，中国的父母一般都不太重视孩子的冒险精神，有的甚至还会打压。他们会天然地屏蔽掉一切有风险的事情，剥夺孩子体验冒险的机会，而不是教孩子如何去应对风险。比如怕孩子溺水，就决不允许他去水边，而不是教孩子游泳，教会孩子在水边如何注意安全。对于如何培养孩子的冒险精神和善于冒险的能力，以下一些方法可以尝试：

一、鼓励孩子积极地尝试一些新事物

在生活中我们会发现,一些孩子对新鲜事物总是拒绝的,比如让他吃一种没吃过的东西他会摇头,让他尝试一种没玩过的游乐项目他也会抵触,其实这就是缺乏冒险精神的表现。这样的孩子自然也就失去了很多成功的机会,因为机会即便摆在他面前,他也不愿去尝试。作为家长,一定要鼓励孩子多尝试一些新事物,一旦新事物给孩子带来精神上或物质上的满足感和兴奋感,他就不会再抗拒新事物,慢慢也就会主动地去尝试。

二、通过一些项目来激发孩子的冒险精神

这里所说的项目可以是很简单的,也可以是一些带有专业色彩的。根据孩子的年龄段不同,设置也不同。这些项目不仅仅培养的是孩子的冒险精神,更重要的是培养他们善于冒险的能力。比如,刚学走路的孩子总是希望家长扶着他,一旦松开手他就犹豫不前。这时家长可以站到他对面能够保护到他的位置,伸开双臂,鼓励孩子自己走到大人的怀里。这便是最初的冒险。对于幼小的孩子来说,

这就是天大的一步。

再比如，孩子到了上幼儿园的年龄，家长可以鼓励孩子在小朋友们面前表演节目，大胆地表现自己。到了小学，要教会孩子自己认路，甚至在家长的"跟踪"下独立上学。还可以带孩子参加一些具有挑战性的活动，比如滑雪、漂流、坐过山车等。如果有条件，还可以来一场丛林或沙漠探险。当然这一切都是在家长能够掌控的范围之内，而对于孩子来说则是十足的冒险。在此过程中，孩子的冒险精神便会培养出来。切记，这些活动的准备工作必须由孩子全程参与，甚至在家长的指导下主要由他们来完成，这样便培养了孩子善于冒险的能力。

三、循序渐进，步步为营

就像训练伞兵跳伞，要从易到难，循序渐进。不要一上来就让伞兵进行极限跳伞一样，否则会把他们吓得望而却步。培养孩子的冒险精神也是如此。比如，教孩子滑雪，如果直接把他带到雪山的最顶端，让他从最陡峭的雪道滑下去，想必他是无比抵触的，不但起不到激励冒险精神的作用，反而让他更害怕，不敢往下滑。所以，要先从较为舒缓的雪道和低矮的地方开始,慢慢地增加难度,只有这样才能一点点儿地激发他的冒险精神,直到变成一个无畏的小勇士。

必须强调的是,想要激发孩子的冒险精神,鼓励永远比指责有效。一味地斥责甚至是打骂会让孩子的内心更加恐惧,性格更加懦弱。家长要做的是,引导孩子成为一个独立自主、具有冒险精神的人,这样他的人生旅程就变成了一场探险,他才能最终到达成功的彼岸。

小故事大道理

番茄最早生长于秘鲁和墨西哥,是一种森林里常见的野生浆果。当地人把它当作有毒的果子,称之为"狼桃",只用来观赏,没人敢食用。据记载,当时英国有个名叫俄罗达拉里的公爵来到南美洲,第一次见到番茄就被它艳丽的色彩深深吸引,于是就把它带回了英国,作为稀世珍品献给伊丽莎白女王。可是,还是没有人敢吃。直到18世纪,有一位法国画家看到番茄如此诱人,便萌生了尝尝它到底是什么味道的念头。于是,他冒着中毒致死的危险,壮着胆子吃了一个,并穿好衣服躺在床上等待"死神"的降临。然而过了半天也未感到身体有什么不适,便索性接着再吃,身体依旧安然无恙。于是,番茄才被端上人们的餐桌,成为大众喜爱的食品。

正如我们前面所说的,人类发展的历史就是一部冒险史,没有冒险也就没有我们人类现在的生活。对于普通人来说,敢于冒险,就会离成功更近一步。

第6讲 善做小事

——要打中目标，先练好瞄准

> 常言道："不积跬步无以至千里，不积小流无以成江海。"万丈高楼是靠一砖一瓦搭建起来的，任何成就都是量的积累。然而，我们身边往往有很多"小事不愿做，大事做不来"的孩子，身为家长，难免为孩子眼高手低的毛病发愁。

要想打中目标，先把瞄准练好

小读者们经常跟我说，他们最喜欢我书里的狙击手，因为他们认为狙击手是最厉害的特种兵。可是，大家知道狙击手是如何练成的吗？一名普通的士兵要想成为出色的狙击手，最起码要经历以下几个阶段：

第一，要学会瞄准。千万不要小看瞄准，一支枪虽然只有几公斤重，但如果要做到纹丝不动地端它几分钟，绝不是一件容易的事情。一名狙击手在射击之前要经过长期的端枪瞄准训练，这个枯燥的过程往往是最折磨人的。

第二，要像了解自己一样了解手中的枪。别以为开枪只是扣动扳机那么简单，狙击手不仅要对枪了如指掌，而且每天都要重复拆解、擦拭这道工序。这个过程同样枯燥。

三、要不断地进行射击训练。神枪手是用子弹"喂"出来的。当士兵终于可以用真正的子弹射击时，最初的确是兴奋的，但接下来的日子则很痛苦，因为他们每天都在重复着同样的事情——瞄准、射击、擦枪。这就像我们每天吃同一道菜一样，不断地重复，以至于一看到这道菜就没胃口。

就是在这样周而复始的过程中，从不起眼儿的小事做起，慢慢积累，一个普通的士兵才能练成狙击手。当然，有些新兵觉得每天端着枪瞄准枯燥乏味，甚至产生抵触情绪，也不想天天擦枪，只想一上来就把子弹装进枪膛，对着靶子开枪，并天真地以为自己能百发百中。不过，军营中是绝对不允许这样的事情发生的。士兵必须严格按照每一个环节进行训练，从最基础的做起，这样才能磨炼成一个优秀的士兵。

其实，不仅是狙击手，任何一个兵种、任何一个普通人所做的每件事都是由小到大积累起来的。很多孩子眼高手低，做事前夸夸其谈，做事时手足无措，就是因为没有养成"从小事做起"的习惯，总是幻想着能一步登天。

好高骛远就像豆腐渣工程

不愿意做小事的孩子，注定也做不成大事。就拿学习来说吧，学数学首先要先学识数，然后才能学加减乘除，进而学应用题，谁都不可能跳过前面的步骤，直接做应用题。

在检查孩子的试卷时，你可能会发现他解答应用题的思路是对的，但是在计算时出现差错丢了分数，究其原因是基础没打好，也就是"小事"没做好，从而耽误了"大事"。

倘若建一座大桥是一件大事，那么打桩、建桥墩、浇筑桥板等环节就是一件件小事。任何一件小事做不好，那么，外形看似雄伟的大桥，说不定什么时候就会坍塌。

如果把一个孩子的成长过程看作是一座大桥的修建过程，那么一个不愿做小事、不善做小事的孩子长大成人后，也不会是一座坚不可摧、质量过硬的"大桥"。

如何培养一个善做小事的孩子

爱做事是孩子的天性，我们应该从尊重孩子的天性开始。

一、不剥夺孩子做小事的机会

我们先来看一种现象。孩子越小，好奇心越强烈，总想去尝试一些新鲜事。比如，当你正在忙家务或者工作的时候，他会拉着你说："妈妈，跟我一起搭积木吧。"或者独自拿着笔到处乱画。这时很多家长会这样回答："妈妈很忙，你自己玩吧！"或者简单粗暴地从孩子手中夺过笔，不许他们乱画。

从表面上看，孩子也许不再捣乱了，家长得到了暂时的安静，实际上这样的行为是在剥夺孩子学做事的机会。长此以往，孩子做事的热情被浇灭了，做事的兴趣也会随之消失。很多时候，家长眼中微不足道的小事，往往是孩子心目中了不起的人事，甚至是他的全部。

突然有一天，你觉得孩子长大了，可以帮你做一些事情，可这时你却发现他不愿去做，甚至根本做不了，于是就开始责怪他懒惰或者笨。其实，家长更应该做的是反思自己，正是因为自己不断剥夺孩子做小事的机会，才使他变成这样。所以，在养育孩子的过程中，家长一定要转变观念，在孩子刚学做事时，不能因为担心给你添乱，就阻止他做这做那，贻误他养成从小事做起好习惯的良机。

二、通过家务培养孩子从小事做起的习惯

培养孩子愿意做事的习惯，最好的办法就是做家务。孩子特别小的时候是本能地喜欢做家务的，这是天性。比如，我两岁的女儿总是学着大人的样子扫地、擦桌子、收拾餐具；每当我和爱人包饺子的时候，她都会跑过来帮忙。当然，她不可能真的帮上忙，只会把现场弄得一团

糟。这样的场景相信在很多家庭都发生过，而大多数家长在这种情况下会制止孩子，或给他一部手机玩，或者打开电视让他看动画片，以此使他安静下来。这样做一是剥夺了孩子做小事的机会，二是让他迷恋上了手机或电视，结果家长又为此而苦恼。

每当女儿"捣乱"的时候，我不仅不制止，而且还耐心地教她，哪怕她做得不好，也会夸奖她，鼓励她继续努力。尽管半个小时能完成的事情我们会花一个小时，但结果是令人喜悦的，女儿的兴趣点会因为我的支持持续下去，最终养成了愿意做小事的习惯，这对孩子的健康成长大有益处。

三、采用激励机制，重新燃起孩子做小事的热情

纠正比养成更难，相信这个道理大家都明白。如果孩子已经养成了不爱做小事的毛病，我们该如何重新燃起他的热情呢？

要想激发孩子做小事的兴趣，适当的激励机制是必不可少的。比如，孩子到了一定的年龄会比较看重零花钱，这时家长就可以把零花钱和做小事挂钩，让孩子通过

洗碗、扫地、洗衣服等劳动兑换一定的分值，然后用分值兑换零花钱。家长要在每个不同的阶段制订不同的兑换目标，这就好比游戏里的升级模式，要想达到更高的级别，就要有坚持到底的决心，这样才能通关。

激发孩子的兴趣后，家长接下来要做的就是"把小事放大"，让孩子在做小事的过程中找到大的成就感，明白"一屋不扫何以扫天下"的道理。例如，孩子的计算题总是出错，而孩子又不屑于做计算题，家长就可以在家庭测试中制定规则：计算题不达标，哪怕总分再高，成绩也是不达标。这样做的目的是让孩子认识到小事情也会影响大结局。之后，家长再将这个规则引用到其他学科的考试中，比如英语考试听力不达标或者口语不达标，笔试成绩再好也不能达标。

生活中处处是小事，孩子善做小事的好习惯的养成，关键在于家长的引导，而不是责备和打击。只要坚持，我们就会惊奇地发现，孩子以前不能完成的事情居然做得很好。

小故事大道理

福特汽车的创始人亨利·福特大学毕业后去一家汽车公司应聘，和他同时应聘的人都比他学历高，在那几个人面试之后，福特觉得自己没什么希望了，不过他还是鼓足勇气敲开了董事长办公室的大门。

进了办公室，福特发现地上有一团废纸，便弯腰捡起来，把它扔进垃圾篓，然后走到董事长的办公桌前，说："我是来应聘的福特。"

董事长说："福特先生，你已被我们录用了。"

福特感到很惊讶："董事长，您还没问我问题呢，就直接录用了吗？而且前几位应聘者的学历都比我高。"

董事长说："福特先生，前面的应聘者学历确实都比你高，但是他们的眼睛只看得见大事，看不见小事。你的眼睛能看见小事。我认为能看见小事的人将来自然能成大事，而只看见大事的人往往会因为忽略小事而失败，所以我决定录用你。"

原来，那团废纸是董事长故意丢在地上的。就这样，福特进入了这家汽车公司，并最终成功地将其改名为福特公司。

第7讲　注重效率

——快点儿干，剩下的时间都是自己的

> 在现实生活中，我们经常会看到这样一类人：他们每天都在加班，可是工作量却不比别人大。从表面上看，他们很勤奋，为了工作连休息的时间都放弃了，而实际上这是一种"磨洋工"的表现，是低效的工作让他们无法将生活与工作剥离，最终成了工作的奴隶。

效率高才能打胜仗

战场是瞬息万变的，只有抓住稍纵即逝的战机，以

最高的效率调动各种力量,并给敌人以痛击,才能一击制敌,取得胜利。所以,军营中特别重视军人的做事效率。

军队是世界上集体模式最为强化的地方,军人大部分的时间都被集体生活所占用,个人的自由时间非常少,因此这些有限的时间对军人来说也非常宝贵。要想获得更多的个人空间,军人就要更加注重做事的效率,因为部队训练的时候通常会用时间来奖励那些效率高的人。

比如,士兵在进行战术训练,他们要用低姿匍匐的方式在铁丝网下爬到100米外的位置。这一训练有严格的标准,首先是速度,越快越好;其次是爬行的高度,身体不能高于40厘米,否则就会被铁丝网挂到。军官会严格按照这些标准组织士兵训练,爬得最快、动作最标准的士兵会得到时间上的奖励——可以在别人训练的时候去一旁休息,或者指导别人训练。这一奖励机制会促使士兵们高效率地去训练。反之,如果在训练中不管成绩如何,也不苛求达标,只是一遍遍地反复训练,那么士兵就会"磨洋工"。

不仅是训练,其他方面也是如此。比如,每次射击回来都要擦枪,枪要被拆成一个个零件,用枪油细心地擦拭,否则火药燃烧后的物质就会腐蚀枪体。谁擦得最快、最符合标准，谁就可以把枪交给军械员，然后剩下的时间就自由支配。可想而知，效率最低的人往往很少有或者根本就没有个人时间。

"快点儿干，剩下的时间都是自己的。"在军营中，正是因为有这样的机制，士兵才会主动提高效率，养成注重效率的品质。在战时，注重效率则会让军队获得先机，多些胜算的把握。

低效率的勤奋不如去玩

有些人会把高效率和慢生活对立起来，这种认识是错误的。其实高效率和慢生活是统一的，因为只有高效率才可能有真正的慢生活。就拿我自己来说吧，我喜欢钓鱼，几乎每个周末都去，但前提是要完成计划内的工作。如果我可以提前完成计划内的工作，不仅有时间去钓鱼，还可以去享受其他的休闲娱乐生活。

在生活中，我们也会看到，有些孩子看似很勤奋，可是学习成绩却一直没有提高。究其原因，就是低效率的学习方式造成的。这是一件很可悲的事情——没有自由的时间，没有自己的爱好和特长，孩子变成了学习的机器。

优秀的孩子往往会发展得越来越出色，因为他有高效率的学习方式，能在短时间内高质量地完成学习任务。这样，他就会有更多的时间去发展自己的特长和爱好，从而变得更加优秀。

可见，只有高效率地完成学习和工作，才能获得更多的自由空间，才能享受悠闲自得的慢生活。而在自己不具备放慢生活节奏的条件时一味地追求生活品质，就会把自己弄得焦头烂额。

如何培养孩子注重效率的习惯

如何培养孩子注重高效率的习惯，我们首先就要了解如何避免孩子成为一个做事低效率的人。

一、避免孩子成为一个低效率的人

以低效率的方式去做事，往往是因为抵触做这件事，喜欢的事情没有人会故意拖延时间。孩子之所以会对某件事产生抵触，往往是由大人错误的惩罚方式造成的。比如，孩子做错了一道题，或者写错了一个字，有些老师就会罚孩子把正确答案写几十遍甚至上百遍。这种教育方法极其不可取，因为孩子会认为这是一件很难完成的事情，并由此产生抵触心理，进而演变为拖延症。

再如，有些家长在教育孩子时存在严重的焦虑心理，总担心自己的孩子会落后于他人，总想让孩子成绩更好，所以每当学校留的家庭作业较少、孩子完成得较快时，就再额外给孩子布置一些作业，占用孩子的自由时间。长此以往，就会导致孩子写作业拖拖拉拉。因为他知道，就算他很快完成作业，也没有属于自己的时间，久而久之做事的效率就低了。

相反，有些家长心疼孩子，为了让孩子有更多的休息时间，当孩子作业太多或者被老师惩罚抄写时就替他完成。这是一种更加错误的做法，不仅会导致孩子对作业漫不经心，对老师的惩罚不以为意，更是对孩子的纵容，是造成孩子做事效率低的"元凶"。

以上三种现象非常普遍，我们必须引以为戒。所以，要想培养做事高效的孩子，我们首先要学会尊重孩子的时间，不占用孩子的时间，不要让孩子对做某件事产生抵触情绪，而是以积极的态度高效地去完成任务。

二、用时间做奖励

在军营中，把时间作为奖励可以提高军人做事的效率，这种方法同样适用于生活中。物质上的奖励或许能在一段时间内成为激励孩子的有效措施，但随着孩子年龄的增长，他们对自由时间的渴望则会愈发明显、强烈。所以，我们要善于用时间来奖励孩子，让他们知道"快点儿干，剩下的时间都是自己的"这个道理，并为达到这个目标而高效率地处理事情。

比如，在对待家庭作业上，只要孩子在规定的时间内高效地完成，经过家长检查合格后，家长就绝对不要再干涉孩子的自由时间，应允许他做自己喜欢的事情。久而久之，孩子就会意识到高效的学习带来的好处，而家长也能轻松培养出做事高效的孩子。"学有学的样子，玩有玩的样子"，这才是孩子该有的学习态度和生活态度。

三、减少干扰，让孩子静下心、坐得住

不管是学习还是做其他事情，我们都需要做到专注。

一旦专注力被干扰,效率就会降低,也就很难一气呵成。比如,孩子在学习的时候,家长一定要为孩子创造一个安静的环境,不在孩子面前玩手机、看电视,可以看书、写字,营造浓厚的学习氛围。

当家庭作业过多孩子抱怨时,家长即使心有不满,也不能当着孩子的面指责老师,而是要给予正面引导,否则会加重孩子的抵触心理,致使其以更加消极的态度去对待学习。

只要坚持努力,让孩子成为一个能静下心、坐得住的人,学习效率自然会慢慢提高。

低效率的学习和工作会让自己的生活变得一团糟,所以,想要活得更精彩,就快点儿干,剩下的时间都是自己的!

小故事大道理

在德国农村,土豆是最主要的农作物,一到秋收季节,农民就会进入最繁忙的状态,不仅要把土豆从地里收回来,而且还要运到附近的城里去卖。

起初,农民们有一个习惯,就是把收获的土豆按个头儿分为大、中、小三类,这样比混在一起卖更赚钱。但是,把堆成小山的土豆分开要花费大量劳动力,会影响土豆及时上市。

后来,人们发现了一件奇怪的事:汉斯一家从来没有人分拣土豆,他们总是把土豆直接装进麻袋,运到城里去卖,而且价钱卖得也不错。

这是怎么回事呢?原来,汉斯在往城里运土豆时,没有走平坦的路,而是选择了一条颠簸不平的路。这样,经过10英里(1英里约等于1.6公里)的路程颠簸,小的土豆就自然落到麻袋的最底部,大的土豆则留在了上面,卖时自然可以大小分开。

聪明的汉斯不仅节省了劳动力,还赢得了宝贵的时间,他的土豆总能比别人早上市,赚的钱自然比别人多。由此可见,高效率的方法比傻干要强得多。

第8讲　学会忍耐

——当你不够强大时，要学会忍耐

> 有一句话是这样说的："最好的进攻是防守。"不停地出击并不一定能获得胜利，当我们收回拳头时并不是放弃抵抗，而是在积蓄力量打出更有力的一拳。所以，当你不够强大时，一定要学会忍耐，磨砺自己，等待最佳时机。

学会忍耐是军人的第一课

学会忍耐并不局限于个人，一个集体、一个国家亦是如此。新中国的发展历程就是个很好的例证——制造出

"两弹一星",强大了海陆空三军,发展了经济,在国际上有了更多的话语权。

学会忍耐是军人的第一课。就拿特种兵来说吧。在特种大队有这样一句话:在这里,最舒服的日子永远是昨天。意思是训练会一天比一天辛苦,他们必须学会忍耐才能咬紧牙关挺过来,成为真正的兵王。比如,特种兵在体能训练时,要躺在泥浆里抱着原木做仰卧起坐,而且数量没有上限,只要教官不喊停,就要一直做下去。而他们能做的只有忍耐,因为他们知道,这是通向兵王的必经之路。

普通军人也是如此。我们刚走进军校时,不管是面对上级还是老学员,都要毕恭毕敬。在老学员喊我们的时候,我们要立刻答"到",然后跑过去敬礼。这是军校的规矩,以此来培养我们的忍耐力。这个规矩告诉我们,在你没有强大起来之前,要先学会忍耐。

战场上更是如此。如果军人不能忍耐,不仅会丧命,而且往往会使整个战斗行动失败。比如,部队在潜伏时会遇到蚊虫的叮咬,甚至是敌人的试探性攻击,如果没有忍耐力,就会暴露己方,从而导致全军覆没。

黎明总在黑暗之后

每个人都想随心所欲，不喜欢别人指手画脚。然而虚张声势的人只会发出苍白的怒吼，真正有实力的人则会用行动来证明。每个成功人士在成功之前都有过一段艰难的忍耐期，如果他们当初承受不了压力而放弃，又怎会有今天？孩子也是一样，不经历小学、中学、高中的漫长过程，怎能考上大学？掌握任何一项技能，都要经过一个忍耐期，没有什么技能是一看就会的。在工作中，如果不埋头苦干，注定一事无成。

黎明之前总会有一段特别黑暗的时期，这就是破晓前的"忍耐期"。我们要学会忍耐，因为忍耐是在让我们积蓄力量，让我们在合适的时候冲破云层，放射出万丈光芒。

如何培养孩子的忍耐力

忍耐是一个积蓄力量的过程，可是在众星捧月的环境下成长的孩子，往往是听不得批评、耐不住性子的，家长在生活中该如何培养他们的忍耐力呢？

一、清楚孩子忍耐力差的典型表现

在现实生活中,我们会发现有些孩子的"延迟满足感"特别差,具体表现为:如果他的要求得不到满足,就会又哭又闹,甚至是满地打滚儿。有的孩子在跟别的小朋友一起玩的时候,没有分享和等待的意识,只想着自己要玩什么,甚至会去抢别人的玩具。其实,这些都是忍耐力差的初期表现。

孩子的忍耐力一定要从小培养,否则长大后就容易被自己的情绪所左右,稍有不如意就无法忍受,不能冷静地思考问题,受挫能力也会比较差。

二、延迟满足,让孩子学会等待

孩子的忍耐力差,往往是由于父母对他提出的要求满足过快,使得他从小就没有学会等待。当孩子因想出去玩、想看动画片、想吃零食等愿望不能马上实现而哭闹时,如果家长为了安抚孩子而毫无原则地立刻满足他的要求,他对于等待的概念就会慢慢变得淡薄。所以,让孩子学会忍耐的前提是,家长延迟满足孩子的意愿,让他们学会等待。

特别小的孩子，尤其是一岁前的孩子，是没有时间概念的，这个时候家长需要用具体的行动来表达等待的概念。比如，孩子要去外面玩，你可以对孩子说"等妈妈刷完碗"或者"等妈妈擦完地"之类的话，让孩子知道需要等妈妈做完一些事情才可以出去。等到孩子大一些了，对时间有概念了，家长可以具体告诉他需要等待多长时间。在等待的这段时间里，家长可以让孩子做一些他们感兴趣的事情，以此来消除等待的焦虑。

当然，孩子一开始可能不会接受等待，并以哭闹来要挟家长。这个时候家长绝对不能妥协，只需向孩子表明，唯有等待才能做他想做的事情，哭闹没有任何作用。几次下来，孩子哭闹的问题便可以得到解决。切忌向孩子妥协，因为妥协不仅解决不了问题，还会使糟糕的局面愈演愈烈，导致所有的努力前功尽弃。

家长需要注意的是，一旦孩子完成了等待的过程，就要及时对他进行表扬，鼓励他继续保持良好的习惯。

通过这种延迟满足的方法，孩子慢慢学会了等待，当他的要求不能及时得到满足时，也不会发脾气，而是能够冷静地处理问题。一个人只有不被情绪左右，才能避免做出冲动的事情。

三、制造一些小困难，进行耐力的训练

在生活中，父母可以刻意制造一些小的障碍和困难，让孩子参与挑战，磨炼他的耐性和毅力。比如，训练孩子做俯卧撑，也许他只能做两三个，但也要咬紧牙关坚持，多做一个是一个，即便实在做不了了，也不要站起来，而是双手撑着地面继续忍耐，直到最后两臂酸痛难忍趴在地上。当然，这个过程家长可以和孩子一起完成，用实际行动陪伴孩子一起挑战忍耐力。类似这种锻炼耐力的项目有很多，不同年龄段也有不同的选择。

柏拉图曾说过："耐心是一切聪明才智的基础。"当孩子学会了忍耐，你会发现孩子的其他方面也会有所改变，比如抵抗诱惑的能力、控制情绪的能力和意志力等都变强了。这些优秀的品质将伴随孩子一生，帮助他走向成功。

小故事大道理

淮阴屠中少年有侮信者,曰:"若虽长大,好带刀剑,中情怯耳。"众辱之曰:"信能死,刺我;不能死,出我胯下。"于是信孰视之,俯出袴下,蒲伏。一市人皆笑信,以为怯。(出自《史记·淮阴侯列传》)

这段话的意思是,淮阴有个年轻的屠夫侮辱韩信说:"虽然你的个子比我高大,又喜欢佩带剑,内心却是很懦弱的。"又当众侮辱他说:"假如你不怕死,那就刺死我;不然,就从我的胯下爬过去。"韩信注视了他一会儿,俯下身子从他的胯下爬了过去。集市上的人都讥笑韩信,认为他是个胆小鬼。

如果韩信当初杀死那个年轻的屠夫,杀人要偿命,后来他就不可能当上大将军,更不可能帮助刘邦攻打项羽,一统天下。所以,忍耐有时并不是懦弱的表现,反而是一种勇敢——敢于面对来自外界的压迫。

第9讲　勤奋刻苦

——才能的火花常在勤奋的磨石上迸发

> 一分耕耘一分收获。爱因斯坦说:"在天才和勤奋之间,我毫不迟疑地选择勤奋。"哈佛大学这样告诉学生:"无论你出生在什么家庭,只要你坚持不懈地勤奋学习,总有一天,你会用知识改变自己的命运。"

懒惰的人在军营中是无法生存的

军营本身就是一个高强度运转的集体,每天大部分时间都在训练,可以说是一个治愈懒癌患者的最佳场所。

在军营中，每个人的行动都是在集体中完成，比如一起训练、一起学习，就连吃饭和睡觉都在一起，几乎没有偷懒的机会，如果偷懒，结果也会得不偿失。就拿训练投弹来说，每个人要做的动作都是一样的，要竭尽全力把手榴弹投远、投准。如果有人偷懒，应付了事，考核的时候成绩不合格，那他就要在别人休息的时候加班补回来。

用结果来衡量过程，让你不敢在过程中偷懒，这种做法使军人和勤奋画上了等号。我有一个师兄，在我考上军校刚入学的时候，他是我的新兵班长。说实话，师兄不聪明，甚至有点儿笨，但是他特别勤奋，别人休息的时候他要么在苦学功课，要么在苦练体能。即便这样，无论是军事素质还是理论课程，他的成绩也只是中下游。

我毕业参加工作后，偶尔拿起一份《解放军报》，发现其中有一篇关于"岭南狙王"的报道，报道的正是我的师兄，我感到非常惊讶。要知道，我们在军校学的是导弹专业，枪械根本就不擅长，而资质平平的师兄竟然能成为"岭南狙王"，怎能不令人赞叹！

赞叹之余，我又觉得这太正常不过了，因为我了解他，知道他凭借勤奋没有什么做不到的事情。果不其然，后来我见到他问起此事，才知道他毕业后被分配到特种作战大队，专业不对口，但他凭借着勤奋，硬是超过了那么多专业的特种兵，成为令人敬仰的枪王。从他的身上我们可以看到，成功与勤奋密不可分，要想取得成功，勤奋是最佳途径。

业精于勤而荒于嬉

我们身边不乏天资聪明的人，但这些聪明人也并不一定能够成功，甚至有些还很平庸。能够成功的聪明人必然也是勤奋之人，有一句话说得好："聪明人不可怕，可怕的是比你聪明的人还比你努力。"所以，也许你的孩子不够聪明，但是只要他能够像我那位师兄一样付出更多努力，就一定能超越比自己有天赋的人。

业精于勤而荒于嬉。不管是天资过人的人，还是普普通通的人，这句话都适用。就拿我自己来说吧，我是一个理工男，高中时语文成绩较差，写作的最初动力就是想给自己的孩子看一部阳刚文学作品。于是，我凭着这股韧劲，勤学苦练，长年坚持，一写就是 10 年，从未间断。如今已经出版了几十本少儿军事文学作品，销量超过了

500万册。如果说我有写作天赋，我不认同，因为我知道，这是我一天天苦练出来的，是勤能补拙的结果。

如何培养孩子的勤奋精神

在生活中，我们可以从以下几个方面着手培养孩子的勤奋精神：

一、自己的事情自己做，为勤奋打基础

现在有一个词叫"巨婴症"，而患有"巨婴症"的成年人，往往就是因为在孩童时代本该自己做的事情被长辈包办了。为了避免孩子成为"巨婴"，家长首先要做的就是让孩子独立完成自己的事情。从小到大，从自己穿衣服、系鞋带、叠被子、整理玩具开始，家长就要培养孩子独立做事的习惯，而不是事事都包办代替。自己的事情自己做，这种习惯一旦养成，很多事情就变得自然而然了，不需要你再去督促和要求他，为他今后成为一个勤奋的人打下了基础。

二、给孩子一点儿压力,让孩子在分担中学会勤奋

除了让孩子自己的事情自己做,还应该让孩子承担更多的家庭责任,以此来培养孩子的勤奋精神。一个人只有有了责任感,才会奋发图强。比如,学习刻苦的孩子往往也是家庭责任感比较强的孩子,懂事,知道心疼父母。

让孩子承担一些家务,给孩子一些帮你做事的机会,以培养他的勤奋精神。比如,我是一位作家,经常会把自己写完的初稿交给孩子,让他帮我校对。当他认真看完一本稿子,发现其中的错字或错句的时候,不仅能体会父亲写作的辛苦,而且能从中学到某些知识。当然,每个家庭的环境不同,家长的职业不同,我们可以根据自己的实际情况而定。

在这里我要特别提示的是,不管让孩子做什么事情,都要掌握好度,不能给孩子太大的压力,让他感到厌烦,从而产生抵触心理,一定要给他喘息的空间。一张一弛,劳逸结合,才是正确的教养方式,不要把培养孩子的勤奋精神变成了"压榨"孩子,那样就会适得其反。

三、让孩子在勤奋努力中获得成就感

让孩子在勤奋中获得成就感，是培养孩子持之以恒的动力。当一个孩子埋头做一件事情并取得了一定的成绩时，自然会有成就感，自信心也会随之增强。科学研究表明，每一次成功，人的大脑便会留下刻画的痕迹——动作模式的电路纹。当孩子重新回忆起往日成功的动作模式时，又可以重新获得成功的喜悦，这有利于消除孩子的自卑心理，增强孩子的自信心。

家长要抓住孩子通过努力获得成就的这个关键时期，强化这种记忆，比如开个小型的家庭庆祝会，吃一顿大餐等。当孩子意识到勤奋能获得成就、获得尊重、获得自信时，就会不断地自我激励，让自己变得更加勤奋。

四、多听勤奋的故事，多接触勤奋的人

多听勤奋刻苦的励志故事，多接触勤奋的人，通过耳濡目染的方式，培养孩子勤奋的好习惯。比如，从小给孩子讲名人勤奋好学的故事，家长可以自己讲述，也可以借助有声APP（应用程序）播放给孩子听。除了让孩子听

故事，家长的言行举止也很重要，因为家长的一言一行对孩子的影响是最直接的，会在无形中改变孩子的性格。切记，懒惰的家长是培养不出勤劳孩子的。

书山有路勤为径，学海无涯苦作舟。我们要牢记"才能的火花只有在勤奋的磨石上才能迸发"这个道理，培养出勤奋的孩子，让他的才能迸发出更加绚烂的火花。

小故事大道理

在西晋初期，有一对好朋友刘琨和祖逖，两人一起在司州做主簿。每天晚上，他们都睡在一张床上谈论国家大事，经常谈到深更半夜。

一天夜里，他们睡得正香，一阵鸡叫声把祖逖惊醒了。祖逖往窗外一看，天边挂着残月，东方还没有发白，他不想睡了，于是就把刘琨叫醒。刘琨揉揉惺忪的睡眼，问祖逖有什么事。祖逖说："虽然天还没亮，但是鸡已经叫了，它这是在催我们起床呢。"于是，两个人起床，摘下墙壁上挂的剑，走出屋子，在熹微的晨光下舞起剑来。就这样，他们一起天天苦练武艺，研究兵法，后来都成了有名的将军。

第10讲 时间观念

——迟到永远不是一件小事情

"一寸光阴一寸金,寸金难买寸光阴。"从这句话中我们不难看出时间的宝贵。作为一种特殊而稀有的资源,时间对每个人都是公平的,却也因每个人对它的态度不同而结果不同。你对时间越吝啬,时间对你就越慷慨,反之亦然。遵守时间的人,往往有很强的时间观念,知道自己在什么时间该做什么事;没有时间观念的人,即便你给他规定好什么时间做什么事,他也同样做不好。

军人是守时和准时的楷模

军人的时间观念是很强的，可以说是守时和准时的楷模。

所谓守时，就是不迟到，准确地说应该是提早一些。在这方面，军营对军人的要求是最严格的。比如，我在军校当教官时，每次都提前15分钟到达训练场或教室，因为这是对训练任务或课堂教学的尊重，也是对学员的尊重。当学员到达训练场或教室时，看到教官已经军容严整地等着他们，自然会生出一种仪式感，把训练和学习看作是无比重要的事情。守时，就是遵守承诺，不侵占和浪费别人的时间。守时不仅体现了一个人的时间观念，更体现了一个人的道德修养。

所谓准时，就是给对方尽可能准确的时间，并严格遵守。与守时不同，准时要求时间精准，在约定的时间内，承诺的事情必须做到。对军人来说，准时比守时更重要。在作战行动中，需要协同不同的军种和兵种，如海陆空三军，又如陆军的步兵、炮兵、装甲兵等作战力量。这些作战力量要在精准的时间投入战斗，比如什么时间发射战略导弹、什么时间装甲兵出击等，都必须是非常精准的，而且还要严格去执行，只有这样才能保证作战行动万无一失。否则，战争节奏会被打乱，甚至会出现自己打自己的混乱局面。所以，军营中的任何活动都要严格准时，说什么时间开始就什么时间开始，而军人的准时意识就是在这样的环境中培养出来的。

守时是建立信任最简单的方式

不仅是军人，具有时间观念对普通人同样重要。不守时、不准时的人往往会给人一种不靠谱的印象。守时、准时是人与人之间建立信任最简单的方式。

比如，你向朋友借钱，并承诺在某个时间偿还，结果没能按时还，那么他对你的信任就会大打折扣。即便你拖延一天把钱还了，他也不会像之前那么信任你。再如，朋友们约好一起吃饭，结果到了约定的时间，只有你一个人迟到了，这时其他人对你的信任度就会降低。

无论在生活中还是工作中，有时间观念的人都更容易获得他人的信任，而信任是一切合作的开始，没有人会愿意跟不信任的人合作。记住，守时、准时是最基本的时间观念，一个有时间观念的人，别人也会尊重你的时间。你只有做时间的朋友，才能成为期待中的自己。

如何培养孩子的时间观念

有些家长认为，孩子还小，不用刻意去培养他的时间观念，等他长大以后自然就会有了。这种观点是不对的，如果孩子从小没有树立良好的时间观念，长大后是很难改变的。从小培养孩子的时间观念，能让孩子受益终身。

一、让孩子认识时间

幼小的孩子，尤其是五岁以下的孩子，时间对他们来说太抽象，所以培养他们的时间观念可以从教他们认识钟表开始——先认识整点和半点，再认识分和秒。但是，单纯认识时间数字，孩子还是没有概念，这时就要把时间和具体的事情结合起来。比如，告诉孩子上午7点是吃早饭的时间、9点是出去玩的时间、下午6点可以看动画片等。这样，每当吃饭、出去玩和看动画片的时候，孩子就会把正在做的事情和时间联系起来，也就形成了初步的时间观念，知道什么时间可以做什么事情。

二、用良好的作息习惯培养时间观念

让孩子养成有规律的作息习惯，是培养孩子时间观念的有效途径。家长可以和孩子一起制订科学合理的作息时间表，最好具体到细节，比如什么时候起床、什么时候洗漱、什么时候吃早饭等，然后让孩子按时间表上的规定严格执行，这样会对孩子起到自我约束和监管的作用。孩子只有养成规律的作息习惯，才能明确时间观念，才能具备合理把握时间的能力，做到事事守时。

三、制订学习计划，并灵活执行

一个没有时间观念的孩子，总是会感觉时间不够用，虽然每天看上去都很忙碌，实际上却没做什么重要的事情。针对没有时间观念的孩子，家长可以在与他协商后制订一份科学合理的学习计划，并且明确奖惩措施，促使孩子在规定的时间内完成任务，培养孩子合理安排时间的良好习惯。

制订的学习计划一定要符合孩子的实际情况,不能把目标定得过高,让孩子无法顺利执行,这样会挫伤孩子的自信心。学习计划还要具备一定的灵活性,不能教条化,要根据不同学科的作业量适时调整。比如,计划规定7点前写完数学作业,但某天数学作业过多,孩子在规定的时间内完不成,这时就要适当延长时间,不能苛求孩子。

当孩子有了时间观念,学会自我管理时间后,他就会一环紧扣一环地落实学习任务或者今后的工作,也会养成守时、准时的习惯。

四、不要在无意义的事情上浪费大量时间

现在很多孩子之所以没有时间观念,还有一个原因是过度沉迷于网络游戏。当孩子因沉迷网络游戏浪费太多时间时,在学习或其他应该做的事上就会偷工减料、应付了事。要想让孩子学会管理时间,首先要教会他怎么合理安排自己的时间——可以玩游戏,但必须有时间限制,而且要在完成应该做的事后才能玩。当然,父母在对待玩游戏这件事情上要以身作则,不能在要求孩子的同时自己却做不到,要给孩子起到榜样的作用。

五、在生活中落实守时、准时的原则

在生活中落实守时、准时的原则很重要。比如，带孩子去参加集体活动，家长在告诉孩子出发时间和到达时间后，必须严格落实。又如，孩子和同学约好一起出去玩，家长必须要求孩子在约定的时间准时到达。生活中的每一件事情都按照守时、准时的原则去做，孩子自然会成为一个守时、准时的人，从而赢得别人的信任。

小故事大道理

德国哲学家康德是一个守时的典范。有一次，他去一个小镇拜访老朋友威廉·彼特斯，两人约定在第二天上午11点见面。当天早上，康德租了一辆马车出发了，可是在经过一条河时遇到了麻烦。原来那天正赶上发洪水，河上的桥被冲断了，虽然河不宽，但是水很深，马车无法涉水通过。

车夫告诉康德还有一条路可以走，康德看了一眼怀表，发现如果绕路走，他将无法在约定的时间到达朋友家，于是便跑到河边的一座农舍，问主人："请问你的那间破屋要多

少钱才肯出售?"

"你要买那间破屋?"农夫表示怀疑。

康德回答:"是的,如果你能马上从破屋上拆下几根长木头,并在20分钟内把桥修好,我不但付你出售破屋的钱,而且还会把拆下的木头还给你。"

农夫和他的两个儿子立即行动,很快就用木头把桥修好了。这样,康德的马车驶过小桥,急速奔驰,终于在约定的时间之前赶到了朋友家。

第11讲 永不放弃

——和自己打一场持久战

> 几年前,电视剧《士兵突击》在全国各地的电视台热播,剧中钢七连的口号"不抛弃,不放弃"更是广为流传。永不放弃是一种拼搏向上的精神、一股无所畏惧的力量、一种永不服输的信念。只有永不放弃,才能让我们走向成功。

永不放弃的战斗精神

从古至今,战争胜负主要取决于作战双方的军事、政治、经济、自然等条件,当然武器是必不可少的因素,但战争获胜的决定因素是人而不是武器。而永不放弃正是战争中不可缺少的信念。正是因为拥有永不放弃的信念，中华民族才将日本侵略者赶出了中国的领土，成为第二次世界大战的战胜国之一。

在上甘岭战役中，美军调集兵力6万余人、大炮300余门、坦克170多辆、出动飞机3000多架次，对中国人民志愿军两个连约3.7平方公里的阵地倾泻炮弹190余万发、炸弹5000余枚。战斗激烈程度实属罕见，特别是炮兵火力密度，已超过第二次世界大战的最高水平。我方阵地山头被削低2米，高地的土石被炸成一片焦土，许多坑道被打短了五六米。

在生存条件极为恶劣的环境中，中国人民志愿军战士凭借永不放弃的精神和顽强的毅力，与敌军持续鏖战了43天，敌我反复争夺阵地达59次，我军击退敌人900多次冲锋。上甘岭战役打出了国威、军威，让全世界都见识了中国军人英勇顽强的战斗作风。直到现在，许多国家依然敬佩中国军人永不放弃、无所畏惧的战斗精神。

中国军人将永不放弃的精神当作自己的信念。信念虽然看不到、摸不着，但却是人的精神支柱。在军营训练中，除了体能训练，还会着重培养军人的信念。后文将有专门的章节单独介绍，这里就不再赘述。

部队每年要对士兵进行两次重要考核，考核内容包括体能、单兵技能以及专业技能等。每一项考核的标准都非常严格，军人必须时刻准备，始终坚持，才能通过考核。例如，在武装越野中，要想考核优秀，每天就得坚持全副武装跑5公里。稍有懈怠，体能就会下降；如果体重增加，速度也会下降。所以，在军人面前总有一座高山，只有永不放弃，努力攀登，才能翻过高山，成为一名优秀的军人。

学会选择才能做到永不放弃

生活中每个人都会感觉到疲倦，所以，永不放弃并不意味着把自己逼上绝路，让自己粉身碎骨。我们要学会选择，知道对自己来说什么是重要的，什么是次要的，什么是可要可不要的。

在现实生活中，有些家长为孩子报了很多兴趣班，一会儿学舞蹈，一会儿学美术，一会儿学钢琴，等等。他们想让自己的孩子成为无所不能的人，但得到的结果往往是孩子无法坚持，中途放弃，以至于一无所成。只有做好选择，分清主次，才能坚持到底，永不放弃。比如，在兴趣班的问题上，家长应尊重孩子的意见，选择孩子真正感兴趣的科目，然后让孩子一直坚持下去，这样才能学有所成。

如何培养孩子永不放弃的精神

有些孩子做事总是没有目标，半途而废。在生活中该如何培养他们永不放弃的精神呢？

一、树立目标

《士兵突击》里的主人公许三多资质平平，甚至有些愚弱迟钝。但他依然为自己树立了一个看似不可能的目标——成为特种兵，为此他不顾一切地努力奋斗，终于如愿以偿。

只有树立目标，才能明确自己的人生方向并为之奋斗。对于孩子也是如此。比如，孩子想学跆拳道，如果他为自己定下目标——拿到黑带，那么在这种信念的支撑下，他就会坚持不懈，风雨无阻。如果孩子的目标是考上一流大学，他自然会为了实现这个目标而不懈努力。

二、将大目标分解成小目标

有时候，我们为自己定下了一个目标，可无论自己怎么努力，这个目标依然遥不可及，难以实现，久而久之，我们就会产生放弃的念头。尤其是孩子，更容易放弃。

如果我们想让孩子坚持下去，就应该教会他们将大目标分解成小目标，一步一步实现，最终到达成功的彼岸。《士兵突击》里的许三多，将成为兵王的大目标分解成一个个小目标，比如先锻炼好体能，再练好枪法，然后再去挑战跳伞……由此可见，将大目标分成几个可以实现的小目标，然后制订一份切实可行的计划，每天进步一点点儿，孩子就能在成功的喜悦中顺利实现大目标。

不积跬步，无以至千里。唯有坚持不懈，永不放弃，才能实现梦想！

三、合理设置目标，适当给予帮助

在心理学家维果斯基的"最近发展区"理论中，他认为儿童的发展有两种水平：一种是现有水平，即可以运用现有知识经验独立完成任务；还有一种是准备水平，即孩子有一个潜能范围，他们无法独立完成这个范围内的任务，但在更有技能的人的鼓励和帮助下可以完成。

因此，把握好"最近发展区"是让孩子持续保持学习兴趣的关键。为孩子设定目标时，应当在他的"最近发展区"范围内设置合理目标，让他稍微努力就能实现，然后可慢慢增加任务的难度，家长再给予适当的帮助，就能激励他为实现目标持续努力。但如果目标任务的设定超出了孩子的接受范围，他便会产生挫败感，甚至放弃努力。

四、最好的鼓励是肯定孩子的努力而非结果

家长夸奖孩子时，一般只关注孩子取得的成绩，而忽略了孩子努力的过程。比如，孩子拿回试卷，看到优异的成绩，家长往往会高兴地说："100分，不错！下次争取还考100分。"其实家长的这种做法只是表扬，而非鼓励。

比起表扬，家长更应当对孩子付出的努力进行鼓励，比如："你现在取得的好成绩都是你努力的结果，加油，

你会越来越出色！"这样的鼓励既肯定了孩子的成绩，又强调了努力的过程。让孩子知道，只有坚持不懈，不断努力，才能获取好的成绩。这样，孩子在面对今后的挑战和难题时便不会轻言放弃。

总之，永不放弃是自己和自己打的一场持久战。只有目标坚定、永不放弃的人才是最后的胜利者。

小故事大道理

肯德基是大家经常吃的一种快餐，它的创始人是美国退役上校桑德斯。桑德斯从军队退役后孤身一人，无所事事的他决定创业。但他除了操枪弄炮，没有任何技能。他想到了自己曾经试验出的炸鸡秘方，于是马上行动，找了几家餐馆要求合作，但都遭到了拒绝。

不过，桑德斯并没有放弃。他开车从美国东海岸到西海岸，历时两年多，一共推开过1008家餐馆的大门，但仍旧没有成功。身为军人的他做事绝不会半途而废。于是，他鼓足勇气，决定坚持到底。当他推开第1009家餐馆的大门时，这家老板终于买下了他的炸鸡秘方。桑德斯以秘方作为股份与这家餐馆合作,从此"肯德基"在美国蔓延开来,直至遍布全世界。

从1到1009,每一次被拒绝后,桑德斯都没有放弃。正因为桑德斯永不放弃的精神,才使他最终获得了成功。

第 12 讲　坚持信念

——内心的力量决定道路的长短

> 信念是指一个人坚信某种观点的正确性，并借此支配自己的行动，为自己定好努力方向和奋斗目标。有什么样的信念，就会有什么样的人生；丧失信念，人生将一片迷茫。这个世界上根本不存在不会做、不能做，只有不想做、不敢做。只要坚定信念，我们便能战无不胜。

信念教育至关重要

思想政治建设是军队建设的首要任务，而信念教育则是思想政治建设的核心内容。信念教育主要帮助军人树立正确的人生观、价值观及世界观。中国军人从入伍的第一天开始就要接受信念教育，将"人民的利益高于一切""一切听党的指挥""保卫祖国的领土完整和人民的权益不受侵犯"当作自己的毕生信念。

当祖国和人民需要他们的时候，他们会义无反顾地冲在最前线。不管是 1998 年的抗洪救灾，还是 2008 年的汶川大地震，在这两场救灾行动中，中国军人昼夜奋战，哪怕不吃不睡，也不放弃任何一个搜寻生命迹象的机会。

有些年轻战士刚刚入伍就被派到救灾前线，他们很多都是独生子女，在家里娇生惯养。然而，穿上军装的他们成了在危难面前逆行的勇士。正是因为有信念的力量支撑，他们才能成为在困难面前永不退缩的英雄。

信念帮我们渡过困境

我曾经看到过这样一个故事：几名矿工被困在矿井中，水不断地涌出，他们有可能被淹死，也可能会窒息而亡。他们没有任何逃生的办法，只能等待救援，很多人认为自己这次必死无疑。他们中只有一个人戴了手表，有人建议每隔一段时间让那名戴了手表的矿工报一次时间。当救援队赶到时，受困在矿井中的矿工们只有一个人死亡，那个人就是那名负责报时的矿工。

原来，这名矿工一开始是按照正确的时间来报时。但是，他发现同伴们知道时间正在快速地流逝后，情绪越来越焦躁，越来越看不到希望。于是，他开始谎报时间，半小时过去了他只说15分钟，一小时过去了他只说半小时。不知道真相的人以为有足够的时间能让自己坚持下去。而他，是唯一知道真相的人，也是唯一被时间击垮的人；其他人凭借着信念的力量活了下来。可见，信念是一种不可低估的神奇的力量。汶川大地震中被埋在废墟下100多个小时仍然被活着救出的人，不正是凭借着顽强的信念创造了生命的奇迹吗？

一个人的信念决定了他的情绪和欲望，而这种情绪和欲望则会决定最终的结果。在生活中，我们难免会遇到挫折，当我们陷入人生低谷时，信念是唯一能帮助我们渡过难关的精神力量。

树立坚定的信念

有的时候我们会觉得自己真的无法再坚持下去了，但一想到自己身上肩负的责任，便咬紧牙关挺了过来。这就是信念的力量！但如何帮助孩子树立坚定的信念呢？以下建议可以参考：

一、树立志向

明朝的哲学家、军事家王阳明说："志不立，天下无可成之事。"上高中时，我的志向是考上军校，于是除了发奋学习，我还坚持每天锻炼身体。当时所做的一切都是为了能早日实现自己的志向。有了志向，心中的信念便更加坚定，我才会坚持不懈，日复一日地去奋斗。

很多读者告诉我，他们看了我的书便产生了参军的想法，想把参军入伍当成自己的志向，并为之努力。我鼓励他们好好学习，等高中毕业后报考军校。这些读者和我当年一样，为了早日实现梦想，风雨无阻地锻炼自己，努力学习。

所以，家长应当根据孩子的兴趣爱好，引导他们树立自己的志向。当他们确定了努力奋斗的目标,自然而然便产生了坚定的信念,进而转化为内在的动力。

二、用波浪式的挫折教育培养孩子的信念

我们可以把人生比喻成一条波浪线,有波峰也有波谷。挫折教育就是让孩子感受到波谷,而信念教育则是帮孩子渡过波谷。所以,波浪式的挫折教育是一种非常有效的方法。

例如,当一个孩子学习了一段时间的钢琴后,家长可以让他当众演奏一首旋律简单的曲子,并在众人面前表扬他。这便是波峰,目的在于树立孩子的自信心,让他认为自己有弹钢琴的天赋。接下来,经过一段时间的练习,家长可有意选一首尚在他能力范围之外的曲子让他弹。孩子自然会表现得不尽人意,而且会产生一种受挫感。这便是波谷,目的在于让孩子知道只有付出更多的努力才能获得成功。再经过一段时间的练习,当他能够顺利演奏这首复杂的曲子后,可找机会让他当众表演,这便是第二个波峰。正是因为信念的力量,才让孩子通过努力再次获得了成功。学琴的过程就像一段缩短的人生,有苦有乐,每一

次挫折都是一次历练。

三、将信念转化为意志力

信念和意志力是相辅相成的，有了坚定的信念，才能激发出强大的意志力。因此，意志力也可以通过信念来转化。具体方式有以下几种：第一，尽量多做自己不愿意做的事。生活中，我们都有自己不愿做但又不得不做的事情，对于孩子也是如此。有意识地让孩子去做一些他不愿意做的事情。孩子要想完成这件事，主要依靠的是自己的意志力。第二，尽量少做自己愿意做的事。比如，孩子特别喜欢吃零食、垃圾食品，但孩子为自己树立了一个正确的信念，那就是拒绝垃圾食品，在这个信念的影响下，孩子会控制自己坚决不吃。这些看似都是小事，但能长久地坚持下去却需要顽强的意志力。第三，在做自己愿意做的事之前，先做自己不愿意做的事。比如，在写作业和打游戏之间进行选择，大部分孩子一定会选择打游戏。孩子如果能控制自己先写完作业再打游戏，靠的就是意志力。诸如此类，信念便在行动中转化成为意志力，而意志力又是靠信念支撑着。如果能做到以上三点，信念会越来越坚定。

总之，信念让人拥有了奋发向上的力量，有了坚定的信念，孩子就有了战胜困难的法宝，就能在坎坷的人生道路上勇往直前。

小故事大道理

公元前496年，吴王阖闾派兵攻打越国，但是反被越国击败，阖闾也伤重身亡。两年后，阖闾的儿子夫差再次率兵攻打越国，结果越国战败，越王勾践也被俘虏。

勾践被押送到吴国做奴隶，像仆人一样忍辱负重伺候吴王。3年后，吴王夫差才对勾践消除戒心，把他送回越国。其实，勾践并没有放弃复仇之心，他表面上对吴王毕恭毕敬，在暗中却训练精兵，强政励治，并等待时机反击吴国。

艰苦能锻炼信念，安逸反而会消磨意志。勾践害怕自己会贪图眼前的安逸，失去报仇雪耻的信念，所以他晚上睡觉不用褥子，只铺些柴草，还在屋里挂了一只苦胆。勾践睡在柴草中，时不时尝尝苦胆，以此来坚定自己的信念。最终，勾践将越国建设得强大起来，并找准时机消灭了吴国。

第 *13* 讲　竞争意识

——见第一就争，见红旗就扛

> 军营中有一句话："见第一就争，见红旗就扛。"这句话告诉军人要有竞争意识，兵和兵要较劲，班和班要较劲，排和排要较劲。这样才能互相督促，共同进步。竞争是不甘平庸，追求卓越。有竞争意识的人才会奋发图强，走向成功。

用流动的红旗培养竞争意识

为了培养官兵的竞争意识，军营中最常用的方式就是比武活动。大大小小的比武活动几乎每天都有，比如在射击训练场上，一个班的士兵之间会比射击环数，班与班之间也会进行一场小型的射击比赛。这种非正规的比武活动是士兵训练时的主要动力。谁在比武活动中技高一筹，谁就会赢得掌声和尊重。

正规的比武活动每年至少要举办两次，选拔方式自下而上。比如，要进行集团军狙击手比武大赛，首先要从班里开始选出胜者，然后进入排级的竞争，依此类推。通过一层层的选拔，最终参加集团军比武大赛的选手已经屈指可数。

军营中非常重视比武活动，无论是个人还是集体，胜出者都会在表彰大会上受到隆重的表彰。军人视荣誉为生命，他们会为了荣誉而刻苦训练，不仅是为了战胜对手，更是为了战胜自己。

除了比武活动，军营中还有一种特殊的竞争方式——流动红旗。流动红旗有很多种，比如内务流动红旗、训练流动红旗等。以内务流动红旗为例，某连每周会对全连的内务进行一次评比，胜出者可以获得内务红旗，将其挂在屋内。但是，这并不意味着红旗就是这个班的了。如果下周这个班不能保持第一，红旗就会被新的胜出者摘走。所以，每个班都会竭尽全力去争取这面流动红旗。

树立标兵也是军营中增强竞争意识的一种方式，每个阶段都会评选出各个层次的标兵，比如排标兵、连标兵、营标兵等。而标兵也有很多种类，比如内务标兵、训练标兵、体能标兵等。标兵会登上展板的光荣榜，成为楷模。为了成为标兵，人与人、集体与集体之间的竞争意识也会随之增强。

丛林法则依然适用

在物质匮乏的丛林时代，为了生存和繁衍后代，自然就会出现激烈的竞争，弱肉强食，物竞天择，这便是丛林法则。为什么现在很多孩子都缺乏竞争意识呢？这是因为他们从出生开始就衣来伸手、饭来张口，凡是他们想要的东西，即便超出了父母的能力范围，家长依然会想尽办法满足他们。对于这样的孩子，他们不需要竞争就能得到想要的东西，于是竞争意识就慢慢地被消磨掉了。

竞争就需要有竞争的对象，一只母狼生下几只小狼，这些小狼一出生就懂得竞争，它们会争抢母狼的奶水，如果抢不到就有可能被饿死。如果一个家庭有两个或更多的孩子，孩子们之间也会竞争。而对于独生子女来说，竞争对象消失了，不管家庭条件好坏，家里只有这一个核心，所有的人都围绕着他转，那他自然就缺乏竞争意识。

如何培养孩子的竞争意识

在当今社会，竞争意识已经融入各个方面，成为社会生活中不可缺少的一部分。因此，从小培养孩子正确的竞争意识和竞争能力是当前家庭教育的重要内容。

借鉴军营中的方法，我们可以从以下几个方面入手来培养孩子的竞争意识：

一、保持精神层面的"饥饿感"

如果一个孩子想要的玩具、想吃的东西、喜欢的漂亮衣服等随时都能得到，你就会发现孩子越来越挑剔，即便有很多好吃的他也不爱吃饭，即便有那么多玩具他还是要买新的。其实，这就是精神上的"饱腹感"，就像一个人吃饭吃撑了，即便有再多好吃的东西摆在他面前，也没有胃口。所以，要让孩子保持精神层面的"饥饿感"，他才会有竞争意识，得到后才会珍惜。因此，家长不应事事满足孩子，应该给孩子制造一些竞争机会，激活他的竞争意识。

二、寻找竞争对象

在军营里，人与人、集体与集体之间有彼此竞争的对象，因此才能在竞争中共同进步。对于孩子来说，如果他们没有竞争对象，自然也不会产生忧患意识。比如，中学时，我把班里最优秀的同学当作自己的竞争对手，每天的学习动力就是为了有朝一日能超过他。而在军营里，我们要把标兵当成竞争对手，让自己努力奋进，取代标兵，成为更好的自己。虽然在整个中学时期我没能超过那名同学成为一个最优秀的学生，但是因为我找到了竞争对手，我的成绩在一个学期内进步飞速，从班里的下游提升到前三名，这时我又被别人当成了竞争对手。

这种竞争是良性的，是互相促进的。所以，对于孩子来说，无论做什么事情，在相应的团体中寻找一个竞争对手是很有必要的。

三、帮孩子找到竞争优势

虽然孩子找到了竞争对手,但是如果在竞争中屡屡受挫,也会让孩子备受打击,从而影响进取心,让他变得小心翼翼,不敢再次发起挑战。比如,有的学校分快慢班,家长非要把一个学习基础薄弱的孩子塞进快班,这个孩子就会在竞争中一直处于劣势,这并不是一件好事。

每个人都有优缺点,家长要引导孩子挖掘自己的优点,帮助孩子摆脱自卑的困扰,恢复自信心,只有这样才能增加成功的机会。比如,孩子虽然数学成绩不好,但在美术方面很有天赋,那就意味着美术是他的竞争优势。家长不要认为美术对升学无足轻重就忽视这一点,而是应该在这方面积极调动孩子的竞争意识,鼓励他利用自己的优势增强竞争力,赢得老师和同学的关注,获得他人的认可。

此外,这里要特别提示,竞争,不只是"争",更要注重"竞"。我们应该培养孩子良好的竞争心态。竞争不应是狭隘的、自私的争抢,而是通过努力,提升自身能力,增长本领。竞争不应该采用阴险狡诈的伎俩,而是以实力超越他人。竞争并不排斥合作,没有良好的协作精神,单枪匹马也很难取得成功。家长还要教会孩子正确地看待竞争,遵循竞争中的美德,学会宽容,尊重对手,也要学会接受失败。

总之,丛林法则在现代社会仍然适用,但不再是单纯的抢夺食物,而是变得更加多元和残酷。古人云:"生于忧患,死于安乐。"有忧患才有竞争,过于安逸只会不思进取。竞争会让人不断向前,再向前!

小故事大道理

蒙牛是中国知名的奶业公司,在公司的会议室里有一幅狮子和羚羊的巨幅油画,上面还配有这样的文字:"清晨,非洲草原上的羚羊从睡梦中醒来,它知道,新的比赛就要开始。对手仍然是跑得最快的狮子,要想活命,就必须在比赛中获胜。另一方面,狮子的压力也不小,如果它跑不过最慢的羚羊,命运都是一样的。当太阳升起时,为了生存下去,最好还是快跑吧!"

这幅画的场景在自然界中真实地再现了。故事发生在国外的一家森林公园。那里养殖了几百只梅花鹿,尽管没有天敌，而且公园里环境幽静，水草丰美，但是几年以后，鹿群非但没有发展，反而病的病、死的死，数量不断减少。后来，公园的管理人员买回几只狼。在狼的追赶捕食下，鹿群开始拼命地奔跑。结果，除了那些老弱病残的鹿被狼捕食外，其他鹿的体质日益增强，数量竟然增长了。

可见，竞争对竞争的双方都是有利的。自然界如此，人类社会也是如此。

第14讲 足够自信

——自信是成功的第一秘诀

> 萧伯纳说:"有信心的人,可以化渺小为伟大,化平庸为神奇。"自信是成功的必然条件,是克服困难的保证,让人敢直面挫折,挑战自我。

首战用我,用我必胜

在军营中,"有没有信心"是出现频率高的词汇之一。比如,两个连队在同一个训练场训练,训练中两个连队要一比高低,一连的连长会进行简短的动员,然后问大家"有没有信心",二连的连长也会这么做。但最关键的是两个连队战士们的士气，看谁更加自信，谁的声音更高昂，谁能在气势上压倒对方。

在军营中高频率出现的另一句话是："首战用我，用我必胜！"作战时，中国军人都是主动请缨要求第一个上前线，这便是"首战用我"。之所以敢主动请缨，是因为中国军人都有"用我必胜"的自信。对于军人来说，打仗最重要的就是有"舍我其谁"的自信，如果没有信心，在战场上就只会两腿发软，打退堂鼓。

军营对军人自信心的培养不仅仅体现在军事训练上，对军人的气质也有严格的要求：要行如风，站如松，坐如钟，目光坚定，抬头挺胸。这些都是自信的体现。很多人军训的时候都站过军姿，走过队列。大家可以回忆站军姿的动作要领：两腿并拢站直，腰板挺直，两臂自然下垂，两肩放松，脖颈挺直，下颌微收，两眼目视前方，目光坚定。也许当时你不理解站军姿的意义，通过上面的介绍你肯定会对此有新的认识。没错，站军姿能够从内到外提升人的自信心。很多家长也会发现，孩子当兵以后变得更加自信了，这也是为什么越来越多的家长要把孩子送到部队锻炼的原因。

先相信自己，别人才能相信你

在做一件事情之前如果连你自己都没有信心，别人又怎么会信任你呢？讲到这里，我想到几天前发生的一件事情。当时我刚刚把车停在一家超市的停车场，一个背着双肩包的小伙子朝我跑来。

他跑到我面前，想说话又有点儿为难。终于，他开口说："哥，我是做推销的，卖清洁剂。"说着，从包里掏出一瓶清洁剂给我展示它的功效。

整个过程我都耐心地看完，然后买了两瓶。小伙子非常感激，说："哥，像你这么好的人真少，很多人看我跑过来都不看我一眼，或者直接挥手让我离开。"

我早就看出他是刚走出校门的学生，我也一直很喜欢这么努力的孩子，这是我买他的产品的原因。但是我告诉他："小伙子，你的问题在于不够自信，导致别人也无法信任你，于是他们才会无视你。虽然你是做推销的，但并不低人一等，你要自信地走过去，目光坚定地看着对方，大大方方地讲解你的产品。"

我想通过一段时间的锻炼，这个小伙子一定会越来越自信。只要能吃苦，肯动脑子，相信他也会干出属于自己的一番事业。

如何培养孩子的自信

自信心是一种内在的精神力量，能鼓舞人们突破自我，不断进步。那么在生活中该如何培养孩子的自信心呢？

一、从改变仪态开始

缺乏自信的人往往会非常拘谨，无论是站着还是坐着都会局促不安，而且还会避开眼神交流。树立自信心不妨先从改变仪态开始。

站立时要抬头挺胸，走路时步态稳健，双肩放松，两臂自然下垂；与人站立交谈时，两脚分开与肩同宽，不左右摇晃；坐时身体朝向前方，两脚自然分开，脚掌不要拍打地面。无论是站着还是坐着，大部分情况下手应该是静止的，握紧拳头或不停地搓动手指都是紧张焦虑的表现。

你的自信是可以通过仪态表现出来的，所以，有意训练自己的仪态是树立自信心的开始。训练时，可以对着镜子练习，也可以找专业人士指导。

对于孩子来说，家长应该注意从小对孩子仪态的培养。比如，告诉孩子和别人交流的时候要面带微笑，目光注视对方；不要一脸拘谨，目光游离。要让孩子更加自信地去面对不同的人或事。

二、多参加一些社会活动

参加社会活动是增强自信心的有效途径，不仅能锻炼孩子的人际交往能力，还可以培养孩子的实践能力。比如，我以前很害怕在众人面前讲话。上大学的时候，我做了一件突破自我的事情。国庆节，中队举办演讲比赛，要求每个班要有一个人参加。当时我们班竟然没一个人报名参加，我是班长，所以只能硬着头皮自己上。我虽然没有任何演讲的经历，但还是非常认真地准备了一篇别出心裁的演讲稿，并且努力练习。结果，那次演讲我竟然拿了第一名。这件事对我的影响很大，我从此树立了自信，敢于在众人面前大声地发表意见。

家长不仅可以鼓励孩子参加社会活动，还可以和孩子一起参与，给孩子更多挑战和展现自我的机会。比如，孩子唱歌不错，就鼓励他在学校的文艺表演中一展歌喉，并一起帮他选歌，陪他练歌，甚至和他一起参加表演。在他的表演赢得掌声的同时，他也收获了自信。

三、学会欣赏自己，发现自己的长处

孩子的自卑往往缘于自我否定，例如认为自己不够优秀，学习不如别人好，长得不够漂亮等。每个人都是独特的，都是一颗闪烁的星星。我们要引导孩子学会欣赏自己，发现自己的长处，从而树立自信心。

比如，孩子个头儿不高，尤其是男生，到了一定年龄往往就会自卑。这个时候家长应该挖掘孩子身上的闪光点，比如他的学习成绩不错，或者体育出众。就拿体育来说，校运动会上的一些项目反而更适合矮个子的男生。如果孩子擅长短跑，那么就鼓励他参加这个项目。当他站上领奖台的时候，谁还会在意他个子的高矮呢？

四、不要打击孩子

有些孩子缺乏自信还跟经常受到打击有关。有些家长不太注意自己的说话方式,如果孩子的成绩比较差,家长就会失去耐心朝孩子大吼:"你怎么这么笨呢?"有的甚至说:"你是不是傻啊?"

类似的打击在生活中比比皆是。孩子的自信心一旦被摧毁,是很难恢复的。所以,我们要切记,不要用孩子的弱点来批评孩子,而是要鼓励他们在自己的兴趣和长处上发展。

总之,一个足够自信的人即便平凡,走到哪里都会自带光芒。自信是人对自身力量的一种确信,是成功的第一秘诀。当孩子成长为一个足够自信的人时,他已经朝成功迈出了第一步。

小故事大道理

美国通用电气公司前首席执行官杰克·韦尔奇有句名言:"所有的管理都是围绕着自信展开的。"韦尔奇的自信与他的母亲是分不开的。韦尔奇从小患口吃，因此经常被人嘲笑。韦尔奇的母亲想方设法将儿子这个缺陷转变为一种激励。她常对韦尔奇说："这是因为你太聪明，没有任何一个人的舌头可以跟得上你这样聪明的脑袋。"于是从小到大，韦尔奇从未对自己的口吃有过丝毫的忧虑。因为他从心底相信母亲的话：他的大脑比别人的舌头转得快。在母亲的鼓励下，口吃的毛病并没有阻碍韦尔奇学业与事业的发展。

韦尔奇的个子不高，却酷爱体育运动。读小学的时候，他想报名参加校篮球队，当他把这个想法告诉母亲时，母亲鼓励他说："你想做什么就尽管去做好了，你一定会成功的！"在整个学生时代，韦尔奇的母亲始终是他最热情的啦啦队长。在培养儿子自信心的同时，母亲还告诉韦尔奇，人生是一次没有终点的奋斗历程，你要充满自信，但无须对成败过于在意。

这个故事告诉我们，一个自信的人才能让别人信任你。

第15讲 崇尚荣誉

——拥有荣誉感,积极向上不偷懒

> 拿破仑曾说:"只要给我足够的绶带去装饰我的士兵的上衣,我就能征服全世界。"拿破仑所说的绶带正是荣誉的象征。一支崇尚荣誉的军队是不可战胜的。

崇尚荣誉就是崇尚胜利

军人视荣誉为第二生命,为了维护荣誉不惜付出生命的代价。正是因为对荣誉的追求和珍重,军人才能做到"苟利国家生死以,岂因祸福避趋之",才会"为国捐躯,虽死犹荣"。

朱德同志说过:"部队中人人精神振奋,你也想立功,我也想立功,这样就会打胜仗。"军人血管里流淌着崇尚荣誉的血液,他们会为了荣誉而顽强战斗。实践证明,只有崇尚荣誉的军队,才能成为战无不胜的军队;只有崇尚荣誉的军人,才能成为不辱使命的军人。

军营是如何强化军人荣誉感的呢?在军营中每个连队都有一个荣誉室。每当有新兵被分配到连队,第一件事情就是参观荣誉室,接受荣誉的洗礼。荣誉室是一个连队的精神宝库,记录着这个连队获得的所有荣誉,以及为了获得这些荣誉做出贡献的人。荣誉室在军营中备受重视,每位军人都把捍卫荣誉当成自己的使命。

部队对荣誉非常重视,因此会用英雄人物的名字为单位命名。我军历史上有很多英雄人物,他们是所有军人的楷模。为了传承英雄精神,鞭策新一代的军人,军方便用他们的名字为曾经服役过的部队命名,如苏宁团、黄继光连、董存瑞连、杨根思连、雷锋班等。

除了用英雄人物为单位命名,部队也会用曾经的辉煌战绩为单位命名,如上甘岭特功八连、老山神炮连、蟠龙山英雄连、松骨峰英雄连、硬骨头六连、钢铁第八连等。

事实证明,这些以荣誉命名的连队,即便军人换了一届又一届,但依旧传承和发扬着这些荣誉所代表的英雄精神,而这些英雄连队依然是部队中最出色的。可见崇尚荣誉的重要性。

崇尚荣誉能给孩子带来什么

军人的肩上承担着更多的使命,因此追求荣誉是必然的。对于普通人,尤其是孩子,崇尚荣誉能给他们带来什么好处呢?

上幼儿园的时候,小朋友都想得到小红花;上小学的时候,孩子们都想早点儿加入少先队;上中学的时候,大家又盼望着能加入共青团。当佩戴上红领巾或团徽的那一刻,每一个孩子都无比自豪,这就是对荣誉的向往和追求。在追求荣誉的过程中孩子们都有哪些变化呢?比如为了获得小红花,小朋友就要积极地表现自己;为了早点儿加入少先队,孩子们就要努力学习,主动承担集体事务。在追求荣誉的过程中,孩子们不仅得到了更好的锻炼,还培养了积极向上、坚持不懈的好品格。

相反，如果孩子缺乏荣誉感，就会专注于一些鸡毛蒜皮的小事情，而且也比较自私，对生活没有太多的渴望，对自己也没有正确的认识。比如，能不能获得小红花或戴上红领巾都无所谓，这样的孩子不会积极主动地为美好的未来而奋斗。

如何培养孩子崇尚荣誉的品质

作为家长，我们能感受到一个缺乏荣誉感的孩子往往也缺乏上进心。在生活中，我们该如何培养孩子的荣誉感呢？

一、给予必要的奖励，培养孩子的荣誉感

一种好的行为习惯只要适时给予奖励，就会得到巩固和再现。奖励有助于激发孩子的荣誉感，是培养孩子良好行为的重要手段。奖励的方式多种多样，主要包括以下几种：

1.语言奖励。语言奖励其实很简单，不必长篇大论。比如，对孩子说"很好""真棒""真勇敢"等。

2. 非语言奖励。老师或家长在孩子完成一件事情以后，用满意的目光、会心的微笑、热情的拥抱、轻轻的抚摸等方式来肯定孩子的行为，也是一种奖励。

3. 积累奖励。当孩子取得好成绩或有较大进步时，就奖励他一朵小红花。十朵小红花可以兑换一颗小红星；十颗小红星又可以兑换一面小红旗；每提升一个级别，孩子就能获得一次兑换奖品的权利。用积累奖励的方式来鼓励孩子，既能培养孩子的荣誉感，又能促使他不断地进步。

二、为孩子建立一个属于自己的荣誉空间

军营中有专门的荣誉室，用于珍藏所有获得的荣誉，家庭也应该如此。每当孩子通过努力获得相应的荣誉时，家长都应该保存下来，最好能找一个固定的位置用来陈列荣誉证书，为孩子建立一个属于他的荣誉空间。这会让孩子对荣誉更加珍视，让他感受到家长对自己的认可，从而激发他为了获得更多的荣誉而努力。

三、多参加活动

参加活动是获得荣誉感的最佳途径。家长可以多鼓励

孩子参加运动会、书法比赛、绘画比赛等,当他们获得荣誉时及时给予肯定。除了个人荣誉感还要注重培养孩子的集体荣誉感,让他多参加一些集体活动,比如拔河、接力赛等。当一个团队通过集体的努力获得好成绩时,所有成员都会无比自豪,这便是集体荣誉感。

四、为孩子提供获得荣誉的机会

在现实生活中,我们会发现有些孩子获得的荣誉非常少,甚至有些孩子从未获得过正式的奖励。造成这种情况的原因是多方面的,一般来说主要有两个:一是我们把获得荣誉的标准设定得太高,以至于大部分孩子被排除在外,让这些孩子失去了获得奖励的机会。二是设置的奖项过于单调。比如,有些学校设置的奖项大部分以学习成绩做参考,导致很多同学失去了获得荣誉的机会。学校里的奖项设置应该丰富多样,可以采取个性化定制的方式,比如学习进步奖、作文优秀奖、行为文明奖、乐于助人奖等。

培养孩子荣誉感的方法还有很多,我们要因人制宜。在这里要特别提示的是,切莫让追求荣誉走向追名逐利的误区。比如,班里只有三个人选少先队员的名额,某个小朋友故意弄丢竞争对手的作业，用这种手段来增加自己入选的概率。这种做法就是把荣誉当成了名利，需要家长和老师及时矫正。我们在教导孩子时一定要强调，追求荣誉，注重的是过程，是促进比学赶超的方法，而非不择手段地去获得所谓的"荣誉"，这样才能避免陷入追名逐利的泥潭。

总之，如果一个人崇尚荣誉，他就会目标明确、积极进取、奋勇争先、不断努力。反之，没有荣誉感的人就会目标缺失、不思进取、满足现状、甘于平庸。我们培养孩子的荣誉感，就是希望他积极向上不偷懒。

小故事大道理

崇尚荣誉不等于追名逐利，下面两位战斗英雄的故事就是很好的例子。

柴云振在抗美援朝战争中曾率领3名战士攻克3个山头，歼敌200余名。后来他负伤回国治疗，与部队失去了联系，下落不明。志愿军总部给他记特等功一次，授予一级战斗英雄称号，却找不到荣誉和功勋章的受领人。33年后，中国人民解放军总政治部要编写《英雄传记》，指定要为柴云振立传。后经在全国多方寻找，才找到这位老英雄。然而，柴云振心甘情愿地在农村当农民，从未向人炫耀过自己的功绩。

李玉安是著名的"松骨峰战斗13烈士"之一，被人们称为"活烈士"。他的名字曾被作家魏巍误作为烈士写入《谁是最可爱的人》一文。后来，李玉安奇迹般地活了下来。1952年复员回乡后，在黑龙江省巴彦县兴隆镇粮库当工人，隐功埋名数十年，在平凡的岗位上默默奉献。别人劝他向组织上讲清楚，党和政府肯定会给一些照顾。李玉安却说："我在朝鲜战场上打仗，全连100多名战友全牺牲了，我活下来，却要让党给我官、给我待遇、给我荣誉，对得起死去的战友吗？"

第16讲 充满热情

——热情是熔化一切困难的岩浆

> 热情,指人参与活动或对待别人所表现出来的热烈、积极、主动、友好的情感或态度。热情能把一个人身上的每一个细胞都调动起来,为了实现目标而努力奋斗。一个没有热情的人往往是消极的,也注定一事无成。一个充满热情的人不会被困难吓倒,因为热情就是熔化困难的岩浆。

火热的军营,火热的训练

当我们走入军营,立刻就能感受到热火朝天的训练氛围——响亮的口号声、训练的呐喊声、欢快的笑声。军营的确是一个充满热情的地方。

热情是做好一切事情的基础，如果没有热情，工作和训练都会变得枯燥无味。在军营中，从每天起床开始到吹熄灯号休息，军人一直都保持着昂扬的精神状态。起床后第一件事情是集合、喊口令。口令声必须喊得震天响，这是为了唤醒沉睡了一晚的热情。随后是出早操，早操的形式往往是队列训练或跑步。无论是早饭还是中饭或晚饭，吃饭前都要唱一首铿锵有力的军歌。在上午或下午的训练中，训练场上更是喊声震天，歌声不断。

训练日复一日，很容易让人产生疲惫感。所以，要调动官兵的热情，就要采用一些多样化的训练方法。比如，分组训练，然后各组之间进行对抗。分组必须是随机的，各组的实力都是事前难以预测的。每个团队都想在对抗中获胜，热情自然就会被调动起来。在训练的间隙，连队还会自发组织娱乐活动，以此来调节紧张的训练气氛。官兵们自娱自乐，疲惫感一扫而光。

每次训练结束指挥员都要进行讲评，每晚熄灯前连队都要全体集合进行点名，并对这一天的训练进行讲评。讲评的内容主要是查找不足，表扬先进，让大家时刻向训练出色的战友看齐。

缺乏热情将一事无成

我们的生活就像一锅水，没有火，水永远也不会沸腾。热情就像火一样，为我们提供能量，促使我们不断向前。而人一旦丧失了热情，就如同机械失去了能量，变得动力不足甚至会停止运转。

对于一个成年人来说，做好自己本职工作的前提是对这份工作充满热情。如果对工作没有热情，我们就很难把工作做好，甚至难以坚持，最终放弃。对于孩子来说，如果对学习失去了热情，他的成绩就难以提高，甚至会变得越来越差。作为家长，要做的就是如何激发和维护孩子的学习热情，找到他对学习失去热情的原因，并及时调整。

如何培养一个充满热情的孩子

小时候，孩子对任何事情都感到好奇，什么都想尝试，做什么都有热情。为什么随着年龄的增长，他们会对很多事情不再感兴趣了呢？只有我们弄明白孩子失去热情的原因，纠正错误，才能培养出一个充满热情的孩子。

一、热情往往都是被打压下去的

经常有家长问我，他的孩子为什么不喜欢阅读。经过交流我发现，并不是孩子不爱阅读，而是家长将他们阅读的热情扼杀在摇篮中了。因为有些家长只选自己认为不错的书，或是一些专家认为孩子应该阅读的书，可是孩子不感兴趣，然而家长的处理方式却是强迫他们阅读。于是，孩子产生了逆反心理，不想再看书了。这些家长自认为是在鼓励孩子读书，其实是在打压孩子阅读的热情。

家长应该尊重孩子的兴趣，让他看一些自己喜欢的书，然后循序渐进，逐渐扩大阅读面，这样做自然会提高孩子的阅读兴趣。

二、获得满足感有助于培养热情

在军营中，军人能够对日复一日的训练保持热情，是因为在训练中他们能够得到持续的满足感。我们在培养孩子的热情时，也应该注意让孩子从中获得满足感。

一位家长想让孩子学足球，但是孩子只学了一次就再也不想去了。家长不明原因，非常迷惑，只是简单粗暴地责怪、呵斥孩子。其实，作为家长，应该了解一下孩子对足球缺乏热情的原因。比如，在这次踢球的过程中他始终被边缘化，再加上自己的球技不如其他同学，整场踢下来都没碰到一次球，正是这种强烈的受挫感才让他对踢球失去了热情。

失去了热情，任何事情都难以坚持下去。针对这种情况，家长可以及时跟老师沟通，采取正确的教学方法。比如，把不同水平的孩子分成不同的组，先让他们在平等的竞争环境中获得满足感。然后再进行混合分组，逐渐提高比赛的竞争性，让孩子们持续获得满足感。当他们的球技一天天提高，在比赛中一次次获得好成绩时，这种满足感就会一直持续下去，孩子自然就会对踢球充满热情。所以，无论做任何事情，我们都要想办法让孩子从一开始就获得小小的满足感，这样孩子在继续做这件事时就会始终充满热情。

三、尽量不要拿自己的孩子和别人的孩子进行比较

家长总喜欢拿自己的孩子和别人的孩子进行比较,其目的是为了激发孩子学习的热情。比如,考完试看到成绩单,有些家长会说:"你看看人家王阿姨的儿子又考了第一名,可你才刚刚及格。"类似这样的比较不但不能激发孩子的学习热情,反而会让孩子对学习产生抵触情绪,因为他会认为学习是一件令人厌烦的事情。所以,经常用别人家孩子的长处和自家孩子的短处相比,就会导致孩子的学习热情消失殆尽,甚至变成一个消极懈怠的人。如果非要进行比较,就让孩子和自己比。当孩子进步时就要给予表扬和肯定,这样才能帮孩子找回自信,重拾热情。

爱迪生说:"一个人死去的时候,若能把热情传给子女,他就给子女们留下了无价的财产。"的确,拥有热情的人就如同拥有了一笔无形的财富,充满热情的孩子离梦想更近一步。

小故事大道理

老太太有两个儿子,大儿子是染布的,二儿子是卖伞的。天一下雨,老太太就会为大儿子发愁,因为不能晒布了;天一放晴,她就会为二儿子发愁,因为不下雨二儿子的伞就卖不出去。老太太总是愁眉紧锁,没有一天开心的日子,每天都病恹恹的。

一位邻居对她说,你为什么总是看到事物消极的一面呢?你应该看到更积极的一面。以后,天一下雨,你就为二儿子高兴,因为他可以卖伞了;天一放晴,你就为大儿子高兴,因为他可以晒布了。老人听了邻居的话,开始用积极热情的态度对待每一天,果然身体慢慢地好了起来。

成功学研究表明,一个人的成败往往是由做事的心态决定的。充满热情的人会积极地克服困难,保持旺盛的斗志;消极的人则总是沮丧、失望,无法发挥自己的潜能。

第17讲 战胜逆境

——挑战自我，激发潜能

辩论节目《奇葩说》中有一句流传甚广的佳句："在主观世界与客观世界之间存在一条沟，你掉进去了叫挫折，你爬出来了叫成长。"做家长的最担心的就是孩子掉进去之后无法战胜逆境，不能自己爬上来。孩子小的时候，我们可以帮他渡过逆境，但是我们只能帮他一时，不能帮他一辈子。只有培养孩子勇敢顽强的品质，才能让他战胜逆境，越挫越勇，实现自我成长。

每一次成功的逆袭都是有准备的

回顾中国人民解放军的发展史就是一部不畏强敌，战胜逆境，最终走向胜利的历史。从1930年冬季开始，红军连续遭遇五次围剿，前四次反围剿都是险中求生，尤其是第四次反围剿获得了巨大胜利。第五次反围剿时，我军遭遇了前所未有的失败，工农红军经历了生死存亡的考验。但是，红军并没有被逆境吓倒，而是突破数十万国民党军队的层层封锁和围追堵截，爬雪山，过草地，行程二万五千里，实现了北上抗日的战略转移。这是中国革命史上的伟大创举，也是中国革命由挫折走向胜利的伟大转折。

战胜逆境、艰苦奋斗是中国人民解放军的优良传统与作风，也是我军克敌制胜的法宝。在野外生存训练中，在被没收食物和饮用水等生活物资的条件下，士兵要想在荒野中生存下来，就要挑战逆境，战胜一切困难。比如，他们先要找到水源；然后要用尽一切办法获得食物，解决食不果腹的问题；接下来还要找到栖身之所，防范野兽；等等。只有克服了这些困难，他们才能生存下来。

从身处逆境到战胜逆境的过程，就是在失望——绝望——希望之间频繁转换。但经过一次又一次的磨炼，才能有直面逆境的勇气，敢于挑战自我，战胜逆境。

只有经历逆境才能磨砺出锋利的刀锋

人生不可能是一帆风顺的，当我们遭遇逆境时该如何面对呢？首先，我们要正确地看待逆境。逆境并不可怕，可怕的是没有战胜逆境的决心和勇气。没有经历过逆境的人生是不完整的，我们应该把逆境看作是通往成功之路的磨刀石。我们通过努力战胜逆境的过程，就好比是将一把钝刀磨得锋利无比的过程。这个过程看似艰难，却能令我们重获新生。

英国著名物理学家、宇宙学家霍金生于1942年，于2018年3月去世。他的一生大部分时间是在轮椅上度过的。早在1963年，医生就已经宣布他最多只能再活两年。然而，他并没有被逆境吓倒，而是凭借顽强的意志，一次又一次地战胜死亡威胁。即便在丧失语言表现能力之后，他仍然依靠机器工作，对人类探索宇宙、发展人类事业做出了巨大贡献，成为继爱因斯坦之后又一位伟大的物理学家。

在现实生活中，挫折无处不在，学骑车摔倒、考试成绩不及格、上课被老师批评、作业不会做等，这些都是生活中的沟沟坎坎，都是孩子们经常遇到的逆境，如果不具备战胜逆境的勇气，孩子就只会选择逃避，成为生活中的逃兵。

如何培养孩子战胜逆境的品质

在生活中我们会发现，有些孩子在面对困难时往往会退缩，或者希望家长帮忙解决，缺乏独自面对逆境的能力。家长该如何改变这种状况呢？

一、放弃过度保护，让孩子独立成长

我们都知道，在温室里长大的花草是经不起风吹雨打的，在父母的羽翼下受到过度保护的孩子同样也经不起风吹雨打。所以，家长首先要树立挫折教育意识，认识到抗挫教育的重要性。心理学研究表明，当人遇到挫折时，超过 90% 的人会选择 5 种反应：攻击、退化、压抑、固执与退却，而做出正面应对的人则不足 10%。可见，面对挫

折，大多数人会陷入负面情绪，从而使他们难以战胜逆境。

作为家长，不要过度保护孩子，应该让他们有更多的机会独立成长。举个简单的例子，平时我们经常看到小孩子在外面玩的时候摔倒了，有些孩子摔倒后会趴在地上哇哇大哭，自己不爬起来，而是等着人人跑过去把他抱起来；有些孩子则会自己爬起来，不哭也不闹。相同的情况不同的反应，毫无疑问，我们都可以看出第二种类型的孩子比第一种类型的孩子要坚强。

第二种类型的孩子在面对挫折的时候习惯性地选择战胜它，而非被它打败。这种习惯源于家长的教育方式。第一种类型的孩子肯定是因为每次跌倒的时候，家长都会大惊小怪地跑过去把孩子抱起来。第二种类型的孩子的家长则会在孩子摔倒后鼓励他自己爬起来。孩子成长的过程就是习惯养成的过程，久而久之，第一种被过度保护的孩子就变得像温室里的花草一样脆弱，而第二种类型的孩子则会越来越坚强。

二、让孩子走出舒适圈，接受逆境的挑战

人都喜欢待在自己擅长的领域，因为在这个领域里他

可以掌控自己的生活，在这种状态或模式中感到很舒适，这便是所谓的舒适圈。比如，一个人有一份朝九晚五的工作，虽然只有很少的工资，但他认为很安逸，不愿辞去这份工作为更好的生活而奋斗。事实证明，现在的企业家大多是敢于离开舒适圈的人，他们敢于拼搏，战胜逆境，因此成就了全新的自我。对于孩子也是如此，无论在生活还是学习中，也都有一个舒适圈。在这个舒适圈内，他们吃不到苦头，也很难得到历练。家长应该让孩子时不时地离开舒适圈，接受逆境的挑战。

三、鼓励孩子勇敢地战胜困境

爱因斯坦4岁的时候还不会说话，上了小学后反应也比别人慢半拍。所以有很多同学取笑他，为此爱因斯坦非常沮丧，讨厌上学。他的父亲知道这件事后，鼓励他："我觉得你并不笨，别人会做的，你虽然做得一般，却并不比他们差多少，但是你会做的事情，他们却一点儿都不会做。你表现得没有他们好，是因为你的思维和他们不一样，我相信你一定会在某一方面比任何人都做得好。"

爱因斯坦的母亲同样用鼓励的方式来帮助儿子战胜逆

境。有一次，母亲带着爱因斯坦出游，他盯着湖水表情发呆，有人怀疑爱因斯坦是个智商低的孩子。爱因斯坦的母亲却说："他没有任何毛病，他不是在发呆，而是在沉思。他将来一定是位了不起的科学家。"

来自父母的肯定和鼓励一直伴随着爱因斯坦长大，让他能勇敢地面对困境，奋发向上，最终成了一名举世闻名的科学家。可见，鼓励与肯定是帮助孩子战胜逆境的最佳途径。

小故事大道理

1816年，家人被赶出了居住的地方，他必须工作来养活他们；1818年，母亲去世；1831年，经商失败；1832年，竞选州议员落选；1832年，工作丢了，想就读法学院，但进不去；1833年，向朋友借钱经商，但年底就破产了，接下来花了16年时间才把债还清；1834年，再次竞选州议员，成功当选！1835年，订婚后即将结婚时，未婚妻去世，因此他的心也碎了；1836年，精神完全崩溃，卧病在床6个月；1838年，争取成为州议员的发言人，没有成功；1840年，争取成为选举人，失败；1843年，参加国会大选，落选；1846年，再次参加国会大选，这次当选！1848年，寻求国会议员连任，失败；1849年，想在自己的州内担任土地局长的工作，被拒绝；1854年，竞选美国参议员，落选；1856年，在共和党的全国代表大会上争取副总统的提名，得票不到100张；1858年，竞选美国参议员，再度落败；1860年，当选美国总统！

看了这个人的简历，你会发现他的一生都是在跟逆境做斗争，并且一次次地战胜了逆境。这个人就是亚伯拉罕·林肯。林肯出生在一贫如洗的家庭，终其一生都在面对挫败，8次竞选、2次经商均失败，甚至一度精神崩溃。但是，凭借战胜逆境的勇气，最终入主白宫，成为美国历史上伟大的总统之一。

第18讲 学会自省

——取人之长，补己之短

春秋时期，孔子的学生曾参勤奋好学，深得孔子的喜爱。同学问他为什么进步那么快，曾参说："我每天都要多次问自己：替别人办事是否尽力？与朋友交往有没有不诚实的地方？先生教的内容是否学会了？如果发现做得不妥就立即改正。"这便是每日"三省吾身"。自省就是自我评价、自我反省、自我批评、自我调控和自我教育。通过自省能够更加清楚地认识自我，改正自己的不足，不断追求进步。

班务会是最好的自省方式

　　不善于自省的人就好比一个只顾着低头赶路却忽略了方向的人，方向错了，走再远的路都是错的。路在脚下，更在心中，脚负责缩短距离，心负责辨明方向。军营中，时刻在提醒、督促着军人不断自省。我刚上军校的时候，对每周都要进行一次的班务会记忆深刻。我们每周日的晚上都要开班务会，一个班十来个人，分成两排坐在宿舍里，由班长主持。

　　每到开班务会的时候，我都有点儿紧张，因为班长要对自己这一周的表现进行讲评，而我也要在全班面前分析自己的不足并提出改进的方法。这种自省的方式虽然不像孔子的学生那样每日三省吾身，但每周能够自省一次也很有效果。

　　班长讲评时往往开门见山。比如，这周某某某训练的时候热情不高，怕苦怕累；某某某的军容不整，皮鞋脏得像从泥坑里拿出来的。当然，班长也会对他们表现好的方面进行表扬。班长讲完，每个人还要进行自我剖析。每次我都要绞尽脑汁想自己哪里做得不够好。通过自省我会发现，这周自己的内务有些下降，床和柜子的整理标准和过去相比不达标了等。

虽然都是一些小事，但是却让我养成了自省的好习惯。直到现在，我都会把工作列出一个年度计划，然后再细化成月计划和周计划，并在每周末习惯性地打开电脑看着自己的计划，反省这一周我是否做得足够好，是否虚度了光阴。儿子在寄宿学校上学，每周回来我都会跟他聊一聊一周的学习和生活，帮他分析一下哪些方面做得不错，哪些方面需要改进。这些都是在部队工作养成的习惯。

自省本质上是一种学习能力

有些孩子会反反复复地犯同一个错误，而且有些错误并非难以改正。究其原因，只是他们还不懂得自省，换句话说，就是还不会回过头来看问题。

自省本质上是一种学习能力。任何一个学霸都是善于自省的人，他们会把搞不懂的问题，或者是暂时搞懂的问题，回过头来反复强化。这就是自省能力在实际行动中的具体体现。

正所谓："智者事事反求诸己，愚者处处外求于人。"一个学会了自我反省的人，就会在探索中不断地改进，能够始终保持正确的方向。反之，不会自省的人往往要做很多无用功。

如何让孩子学会自省

孩子特别是很小的孩子，自我意识不完善，在他的意识中还没有自省的概念。因此，家长更要正确引导，从小培养孩子自我反省的习惯。具体来讲，可以从以下几个方面入手：

一、营造民主的家庭氛围，给孩子更多的自省机会

一个善于自省的人必然也是一个有着"独立精神和自由思想"的人，而良好的民主氛围是独立和自由的沃土。在遇到一些事情时，家长要学会用对话和讨论的方式帮助孩子解决问题，最好能让孩子提出解决问题的办法，给他们创造独立思考的机会，而不是家长直接拿主意、做决定，居高临下地决定一切。比如，前面提到的在军营中用班务会的形式来促使军人进行自我反省。在家庭中也可以借鉴。每周甚至是每天拿出一部分时间，采用正式或非正式的方式，和孩子一起总结一下本周或当天的情况，查找不足，总结成功的经验。

二、用"精神助产术"引导孩子认识自我，学会反思

随着年龄的增长，孩子的语言表达能力越来越强，做事情时往往是一边做一边说，这是儿童认知发展的一个过程。比如，在搭积木的时候，他会一边自言自语一边搭积木。当搭错一块积木的时候，他又会不自觉地用语言纠正自己的错误："这块积木放错了，应该先放那块。"其实，这些表现都是孩子在用内省的语言指导自己的行为，纠正自己的错误。

这个时候，家长可以用苏格拉底的"精神助产术"来启发诱导孩子思考。苏格拉底的"精神助产术"是以独特的教导方式启迪人们对问题进行思考。简单地讲，就是通过比喻、启发等手段，用发问与回答的形式，使问题的讨

论从具体事例出发，逐步深入，层层驳倒错误意见，最终一切都由问题提出者经过自己思考得出答案。比如，还是刚才搭积木的例子。孩子拿起一块积木问："爸爸，这块积木放上去会不会倒呢？"爸爸不应该回答倒或者不倒，而应该用另一个问题引发孩子思考："你觉得现在搭起来的积木重心在哪儿呢？"孩子也许会思考，然后回答在某个位置。回答也许是对的，也许是错的，家长可以根据回答再进一步通过问答的形式，诱导孩子思考下一个问题。最终，问答的结果要引导至最初的问题。在这个过程中，家长始终不要回答能或不能，而是通过"精神助产术"，让孩子通过自己思考得到答案。

这种训练方式可以运用于生活的各个方面，而孩子对自我的认识会在这个过程中不断提高，从而形成良好的自我反省习惯。

三、只有给孩子犯错误并承担错误的机会，他才能学会自省

每个人都会犯错误，当孩子做错事情后，有些家长常常犯两种错误：第一，家长替孩子承担错误。孩子犯了错

误之后，有些家长会因为心疼孩子，选择替孩子去承担犯错的后果。这样会让孩子觉得犯了错误也没关系，有人替我扛着呢！久而久之，孩子就会变得缺乏责任心，不会去自我反省。第二，孩子犯了错误后对孩子横加指责，甚至出言不逊。孩子犯错之后，家长不要一味地斥责，这样很容易激起孩子的叛逆心理，只要一产生抵触情绪，理智的思考就会丧失，更谈不上反省了。

那么正确的做法是什么呢？比如，孩子打碎了一个水杯，孩子担心的问题是杯子打碎了怎么办，而作为家长，就不要再朝孩子吼："你看看，你把杯子打碎了，一个挺好的杯子就这么没了。"这样做没有任何作用，既不能挽回一个破碎的杯子，也不能让孩子认识到错误。家长要做的是让孩子认识到错误，反思为什么会犯这样的错误，以及如何避免再犯类似的错误。家长可以引导孩子："你想想，你为什么会打碎杯子？"孩子也许会回答："是因为我乱跑，没看到杯子。"这便是孩子认识到了犯错误的原因，也是他经过反思得出的结论。家长甚至可以说："如果你乱跑碰到的是一辆高速行驶的汽车，你就会像这个杯子一样粉身碎骨了！"这样还能让孩子认识到没头没脑地乱跑可能会产生更严重的后果。

总之,我们只有做一个民主和善于启发诱导孩子的家长,孩子才更容易形成自省的习惯。鲁迅曾说,他解剖自己往往比解剖别人更不留情面。一个孩子具备了自省的能力,他就能减少犯错的次数并快速地纠正过来。错误少了,成功的路上就少了一些荆棘和坎坷,就会变得更加平坦和顺畅。

小故事大道理

柳公权(778—865),字诚悬,唐朝中期著名书法家、诗人。柳公权的书法以楷书著称,他一开始学习的是王羲之的书法,后来吸取了很多唐代名家书法的精髓,自创独树一帜的"柳体",以骨力劲健见长,后世有"颜筋柳骨"的美誉。

柳公权之所以能够成为一代书法大家,和他善于自省的品质有关。柳公权很小的时候在书法方面就显示出过人的天赋,12岁就能作辞赋,因此远近闻名。这让他有些骄傲,认为自己已经很了不起了。

不过,有一天他偶遇了一个没有手的老人,竟然发现老人用脚写的字比他用手写的还好,不由得心生惭愧。他反思自己,认为应该戒骄戒躁,继续勤学苦练。柳公权正是因为不断地反思自己,不断地追求进步,最终才成了后世楷模,成为"唐书尚法"的代表之一。

第19讲　爱有底线

——别让"爱"成了"害"

> 几乎所有的父母都是爱孩子的，但未必都懂得如何去爱。父母的爱虽然是无限的，但应该有底线。我们认为给孩子最好的物质生活，满足他们的一切愿望就是爱。其实恰恰相反，没有底线的"爱"到最后往往都是"害"。

枪法是练出来的，毛病是惯出来的

很多被家长宠坏的孩子来到军营后，不用说当兵两年，只需几个月就会有翻天覆地的变化。这是为什么呢？难道军营像地狱一般对他们进行折磨，把他们吓住了吗？

恰恰相反，尊干爱兵是军营的准则之一，特别是新兵，上级对他们是爱护有加的。

十八九岁的孩子离开家，投身军营，穿上军装的那一瞬间，父母也许觉得他们长大了，其实他们本质上并没有任何变化。他们离开了一个家，置身于另一个家。军营就是一个大家庭，里面有很多兄弟姐妹，每个人都是不同的，每个人都有自己的个性。班长被称为军中之母，是和士兵最亲近的管理者，他们就像士兵的家长。

在军营里有一句话："枪法是练出来的，毛病是惯出来的。"这句话虽然简单直白，但富含哲理。"枪法是练出来的"，这句话表明，所有的本事都是苦练出来的。在苦练的过程中，练出的不仅仅是枪法，更是一身好品质。这个道理很浅显，绝大多数家长都知道，但他们却很难做到，因为舍不得孩子吃苦，总向孩子妥协。而在军营中是没有人向你妥协的。这便是爱的不同体现。不管是军营还是家庭，对孩子的期待都是一样的，都希望他们长本事，有毅力，但爱的表现方式截然不同。

有些孩子之所以跟家长撒泼打滚儿，原因很简单，就是家长放纵的结果。军营中是没有人娇惯他们的。这些孩子刚到军营的时候，坏毛病也会时不时地冒出来，比如训练的时候叫苦叫累，但是没有人会同情他们，因为每一位班长都知道，此时的同情不是爱而是害。只有把基础打好，他们才能成为一个好兵，否则就是一个孬兵。这就像一个孩子，要在小的时候养成好习惯，否则长大以后就会浑身毛病，处处碰壁。

"爱""害"只在一线间

我们可以时常看到这样的新闻，一些孩子，甚至是已经成年的子女，在公共场合朝父母大吼大叫，甚至对父母动手。究其原因，竟然是他们想要父母为自己买昂贵的商品，而父母却无力承担这笔费用。甚至，前段时间我看到一条新闻：一个30多岁的人要求父母为自己还房贷，因父母拿不出钱，竟然在大街上对母亲拳打脚踢。看了这些新闻我感到心酸、心痛，但可怜之人必有可恨之处。要不是这些父母对孩子无底线的溺爱，孩子也不会变成这样。

我又想到了一幅幅画面，是媒体报道大学开学时配上的一幅幅图片。在这些图片中，我观察到父母拖着、提着甚至是扛着大包小包送孩子到大学报到，而有些孩子却是两手空空。父母舍不得让孩子受一点儿委屈，这种爱是无私的，但往往也是没有底线的，很容易培养出一个个"巨婴"，最终往往是害了孩子。

换一个角度爱孩子

几乎所有的父母都是爱孩子的，但未必都会正确地爱。我们该如何做一个理性的、爱孩子的父母呢？不妨换个角度，以下面几种身份去尝试一下：

一、学会用旁观者的身份爱孩子

有一句说得好："当局者迷，旁观者清。"教育孩子也是如此。作为父母，我们就是当局者，如果转换一下角度，把自己当作旁观者也许就不一样了。我们在各种场合经常遇到一些又哭又闹的孩子，当我们作为旁观者时，总是能指出这些孩子身上的毛病，也能看出家长身上的问题。然而，当自己的孩子这样哭闹时，我们却手足无措。

在幼小孩子的观念里是没有对与错的，他们只是根据成年人的反应来判断和纠正自己的行为。比如，他想得到一件东西，家长不给买，他就会哭，当他哭泣之后，愿望得到了满足，他会发现哭很管用，所以每次愿望得不到满足的时候就开始哭。家长试图阻止他哭，可是实在不忍心看孩子哭闹下去，于是又一次次地满足他。这种模式会不断强化、加深，愈演愈烈，以至于孩子长大甚至成年以后，当愿望超出父母的能力范围，无法满足他时，他就会用各种手段来威胁父母满足他。因为他知道父母对他的爱是无底线的，最终妥协的必定是父母。此时，父母的爱已经不再是爱，已经转化成对孩子的害了。

就像军营中所讲的"枪法是练出来的，毛病是惯出来的"。父母的溺爱就是娇惯孩子，而惯出来的毛病会害了孩子。为什么军营中能纠正孩子身上的这些毛病呢？原因很简单，在军营中，班长、上级以及战友都是旁观者，他们会冷静地看待这些问题，不会向这样的士兵妥协，甚是还会用纪律来制约和惩罚这样的士兵。

所以，家长在养育孩子的过程中也许该转换一下视角，把自己当作旁观者，冷眼看待孩子的无理要求。比如，孩子为了满足愿望第一次哭闹的时候，不要向他妥协，或者当发现他用哭闹来威胁家长时，就该狠下心来不去理睬。这样，孩子自然会慢慢停止哭闹，因为他知道哭闹是无用的。

二、用和朋友相处的方式爱孩子

家长在和孩子相处的过程中往往会出现两种关系错位。第一种就是把孩子当成自己的附属品，自己是主人、上司；第二种则恰恰相反，家长完全失去自我，毫无原则地顺从孩子，成为孩子的奴仆。

这两种关系说起来好像有点儿危言耸听，但事实就是这样。在第一种关系中，家长会对孩子居高临下地呵斥，孩子做什么事情都要听从家长的。在这种模式下成长的孩子容易自卑，没有自我。在第二种关系中，孩子成了小皇帝，家长就像他身边的奴仆，对孩子唯命是从，百般溺爱。在这种模式中成长的孩子容易过于自我，受挫感强，独立性差。这两种都属于畸形的亲子关系，而且在中国家庭中普遍存在。

良好的亲子关系应该是朋友式的，这样的家庭氛围是民主的、自由的，家长既不居高临下，也不妥协卑微。在这种模式下成长的孩子容易形成独立的人格，以及良好的行为习惯。

三、把自己的孩子当成别人的孩子去爱

我在讲座的时候，经常有家长问我，为什么他说什么孩子都不听。我一般会问，孩子听老师的话吗？家长说，听，老师的话像圣旨一样。我说，只要孩子还听老师的话，那么也会听你的话，你需要做的只是转换一下身份，把自己的孩子当成别人的孩子去对待。

我们经常会听到老师说"把别人的孩子当成自己的孩子"这样的话，但我说的正好相反——把自己的孩子当成别人的孩子。有时候，我们无法管教自己孩子的原因很简单，就是因为他是自己的孩子，所以我们会心软，会妥协，从而导致孩子更强硬，更咄咄逼人。

大家可能看到过一种社会现象，一些特别优秀的老师，他们教出了无数的优秀学生，却教育不好自己的孩子。很多教育专家也是如此，讲起教育理论头头是道，分析起别人的孩子一针见血，但面对自己的孩子时却束手无策。当然，不是这些老师和专家不知道教育孩子的方法，而是由于他们在面对自己的孩子时身份不一样了，作为孩子的父母，他们的理论和方法难以执行下去。所以，我们

做父母的有时候要转变身份，把自己的孩子当成别人的孩子去爱，这样才能把那些行之有效的养育方法推行下去。

总之，爱孩子是没有错的，但如何去爱却是一门学问。没有底线的爱到最后往往就是害。做父母的要学会控制自己的爱，让它变成孩子成长的助推器，而非成长路上的拦路虎。

小故事大道理

"慈母多败儿"，这是流传在我国民间的一句谚语。想到我们的家庭教育，特别是单亲家庭的教育，这话还真有点儿道理。

早就听过《后汉书·仇览传》中"孤犊触乳，骄子骂母"的故事：有一个人因为是独子，所以备受母亲的娇惯，但他由撒娇转变成顶嘴，由顶嘴转变成辱骂母亲，最后竟殴打母亲。一天，他看到一头母牛的奶鲜血淋淋，原来是被小牛的犄角撞伤了。有人说："干脆把这头小牛杀了，它竟这样对待妈妈。"也有人说："牛是畜生，可是有的人连畜生都不如。"这个人明白大家是在说他，后来才思过悔改。这个故事说明，对孩子娇惯不得，孩子的不孝往往是娇生惯养的结果。

第20讲　足够专注

——专注力才是解锁人生的关键

> 经典童话《小猫钓鱼》讲述的正是关于专注力的故事。故事的内容是一只小猫钓鱼的时候,一会儿去捉蜻蜓,一会儿去捉蝴蝶,所以一条鱼也钓不到。不够专注的人就像这只小猫,忽东忽西,最后一事无成。

只有专注才能练就一身过硬的本领

有些人对军人的认识有误区,特别是一些未成年人。经常有人问我,是不是把身体锻炼好就可以成为一名优秀的军人了?我说不是的。身体素质是最基本的要求,现在的军事装备科技含量很高，很多武器都需要非常专业的知识和长期的训练才能熟练地掌握。

就拿作为军人最基本的技能——射击来说吧。一个士兵要想练好射击，就要先练好瞄准。不管是采用立姿、跪姿，还是卧姿，枪托都要抵在肩窝，双手持枪，闭着一只眼睛，通过准星或者瞄准镜盯着目标，眼睛一眨不眨地瞄准。这种训练往往一练就是一天，自然是枯燥无比。如果士兵瞄准的时候一会儿歪歪头，一会儿闭闭眼，一会儿又晃晃肩，不能做到足够专注，是不可能把枪法练好的。

我们再看看那些科技含量高、系统复杂的武器装备，比如导弹系统、战斗机，或者航空母舰。这些武器装备的操作不是一个人就能完成的，而是需要一个团队来操作。无论是训练还是战斗，飞行员驾驶战斗机的时候都需要异常专注，而一名战斗机飞行员又要与地面的雷达兵和空中的预警机以及其他机种的人员紧密配合。只有精力集中，足够专注，他才能在第一时间捕捉到敌机，在第一时间发现来袭的导弹，在第一时间做出规避，在第一时间发起主动攻击或反击。如果做不到足够专注，其结果就是机毁人亡。

军事行动生死攸关，来不得半点儿马虎，更不能分心，只有足够专注才能在战场上多一分战胜敌人的可能，才有可能保证生命安全。所以，专注是军人必须具备的品质。

学习好的孩子更专注

专注力对于孩子来说有多重要呢？我们先来看一种现象。同一个班的孩子，每天听的都是相同老师讲的相同的内容，有些同学课上就掌握了，而有些人课下还需要补习，即使这样还学不好。这是为什么呢？其中一个原因就是专注力不够。

一个学生的学习能力包括记忆力、想象力和专注力，专注力是所有能力的基础。一个不够专注的孩子往往是坐不住的，他听课或写作业的时候总是像浑身爬满蚂蚁一样乱动，要么就是摸摸这个，摸摸那个，东瞧西看；或者看上去安安静静、眼睛盯着黑板，但脑子里却是空白的，甚至思绪乱飞。这些才是造成他学习成绩不够理想的主要原因。专注力表现为听觉、视觉和表象三个方面，只有坐得住、看得认真、听得仔细，才能真正地进入到学习状态。当然做其他事情也是如此，只有足够专注才能把事情做好。

如何培养孩子的专注力

培养孩子的专注力肯定是越早越好，但要根据孩子生理和心理发育的不同阶段循序渐进。比如，让一个3岁的孩子坐在凳子上半个小时，一动不动地听老师讲课，几乎是不可能的。如何培养孩子的专注力，具体来说，可以采用以下几种方法：

一、视觉专注力训练

大量研究结果表明，孩子专注力不好，最重要的是视觉专注力和听觉专注力需要提升。培养视觉专注力主要以看为主，当然这里的"看"并非指坐在沙发上一动不动地看动画片。这里的"看"指的是观察、探索和发现。

训练孩子视觉专注力的方法有很多，比如视觉追踪类的训练。例如，家长可以在一张白纸上画出凌乱的、交织在一起的曲线，让孩子沿着线的起点，在错综复杂的交织曲线中寻找终点。这需要孩子全神贯注地观察，只有足够专注，才能思路清晰，准确地找到终点。为了使这种追踪类的游戏更有趣，可以采用小动物找主人的方式来进行，也就是每个小主人牵着一只宠物，绳子弯曲细长，不同的主人和不同的宠物通过绳子连接到一起，而这些绳子则相互交织。所以，小朋友要从宠物开始，观察拴着它们的绳子最终被哪个小主人牵着。这样训练起来就更有趣一些。

训练视觉专注力的游戏还有很多。比如，在桌子上放三张扑克牌，分别让孩子记住它们的数字、花色和顺序，

然后扣在桌子上。接下来，快速地移动这三张扑克牌。停止移动后，让孩子说出每张扑克牌分别是什么数字和花色。孩子必须高度专注才能记住扑克牌频繁变动的顺序和位置，只要稍有走神儿就会记错。一开始训练的时候动作可以慢一些，随着孩子的专注度越来越高，动作可以越来越快，扑克牌的数量也可以不断增加。当然为了增加游戏的乐趣，家长也可以和孩子交换，由孩子来考验家长。这样，他就不会觉得自己是被训练的一方，而是平等的了。总之，训练视觉专注力的方法还有很多，这里就不一一举例了。

二、听觉专注力训练

现在的英语考试都有听力环节，有些孩子的听力成绩一直上不去，除了英语水平本身的问题，听觉专注力差也是一个原因。有些人在无画面感的时候，是很难长时间专注于声音的。对于听觉专注力比较差的孩子，更适合用音频资料作为训练素材。

孩子很小的时候，专注力的培养是从听开始的。妈妈给孩子讲故事哄他睡觉的过程，本身就是让孩子静下来，不再乱跑乱动，从而专注于一件事的过程。对于孩子听觉专注力的训练有很多有趣的方法，比如复述数字，也就是家长先说出几个数字，让孩子复述；然后家长再逐渐增加数字，继续让孩子复述。比如，家长先说出数字"356"，孩子听到后复述这串数字；接下来，家长可以增加数字，说"3569"，孩子再次复述；家长接着增加，说"35698"，孩子继续复述，依此类推。随着数字的增加，就需要孩子更专注，这样才能记住这串数字。在不断的复述中，不仅训练了孩子的听觉专注力，还锻炼了记忆力。

锻炼听觉注意力的方法还有很多，比如听声音做动作，家长说出一个动作，孩子听到后执行。举个最简单的例子，在孩子特别小的时候，家长经常跟孩子玩的摸五官的游戏。家长说"鼻子"，孩子马上就摸鼻子；家长说"耳朵"，孩子就马上摸耳朵，依此类推。家长说的速度可越来越快，而且没有规律。孩子如果不集中注意力就会摸错。当然这只是适合很小的孩子的训练游戏。不同年龄段的孩子，我们要采用不同的训练方法。

三、综合性训练

所谓综合性训练就是对视觉和听觉专注力同时进

行训练。比如听、画数字的游戏。家长读出一串数字5865478268581438，孩子要认真听才能把这串数字写在纸上。这串数字可以随着训练的加强而逐渐增加。然后，家长让孩子找出这串数字中的某个或某些数字，在下面画上横线。比如，把所有的数字8都画出来，或把两个相邻的相同数字画出来。这个训练的前半部分注重的是听觉专注力，而后半部分则侧重视觉专注力。这个训练还可以变化出不同的类型。

总之，一个做事专注的孩子，家长不必担心他的未来，因为专注力是解锁人生的关键。当然，以上所列举的一些方法只是抛砖引玉，主要针对的也是低年龄段的孩子。对于专注力的培养，要根据不同年龄段孩子的心理特征，在日常生活中有针对性地、潜移默化地进行，这样才更有效。

小故事大道理

一个叫玛妮雅的波兰小姑娘，做事特别专注。她学习的时候一丝不苟，不管周围怎么吵闹，也分散不了她的注意力。有一次，玛妮雅在做功课，她姐姐和同学在她面前唱歌、跳舞、做游戏。然而，玛妮雅就像没看见一样，坐在一旁专心地学习。姐姐和她的同学想试探玛妮雅，于是她们悄悄地在玛妮雅身后搭起几张凳子，只要玛妮雅一动，凳子就会倒。

可是，时间一分一秒地过去了，玛妮雅读完了一本书，凳子仍然竖在那儿。可见，在读书的过程中玛妮雅一动都没动。从此以后，姐姐再也不戏弄她了。玛妮雅长大以后，成了一个伟大的科学家——她就是发现镭元素的居里夫人。

第21讲 善于沟通

——要架好心与心之间的桥梁

在生活中,有些人总是把话憋在心里不说,也就是通常说的生闷气;还有一些人恰恰相反,他们稍有不满就与别人吵架,会把不良情绪发泄出来;还有一些人在与别人交流的过程中,总是讲一些别人不爱听的话……其实,这些人都是典型的不善于沟通的人。不善于沟通就等于在人与人之间构筑了一堵墙,只有打通这堵墙,才能实现有效的沟通。

会谈心是当班长的基本素质

军营中有着独特的沟通方法。班长被称为"军中之母",是最基层的管理者,每天都会与全班十多个兵朝夕相处,同吃一锅饭,同睡一间房。不要小看了一个班的十多个战士,他们年龄有差异,而且来自祖国的四面八方,成长的环境不同,生活习惯和性格自然也不同。作为班长,要把这些人团结在一起,拧成一股绳,形成一股劲儿,组成一个坚不可摧的战斗集体,绝对不是一件容易的事情。一个战士,即便他的军事素质再优秀,如果不善于沟通,也不适合做班长。所以,在竞选班长的时候除了看军事素质,更重要的是看这个人是否善于沟通。

在军营中,班长会遇到各种各样的问题,并且要妥善处理,因此沟通技能格外重要。比如,有的战士最近训练热情不高,班长就要认真观察这个战士有何异常的举动,先通过周围人了解战士最近情绪波动的原因,做到心中有数,之后再与战士谈心。这样班长才能和战士进行有效沟通,战士才愿意跟班长说心里话,最终解决问题。反之,如果班长不分青红皂白地把战士批评一顿,结果往往适得其反。

谈心是一门学问，是每个指挥人员都要掌握的基本沟通技能。当下级出现问题时，上级往往都是通过谈心的方式来解决。谈心就是军营中沟通的秘诀，而谈心的关键是了解对方的想法，然后才能把话说到对方的心里。在军营中，沟通会使很多看似棘手的问题迎刃而解，在家庭教育中同样如此。所以说，沟通永远是连接心与心之间的桥梁。

沟通的关键在于情绪

在现实中，有些人出现问题不去与人沟通，而有些人则愿意主动沟通。但如果不注意说话方式方法，结果往往导致无效沟通，甚至会沟通失败，起到反作用。比如，现在一些老师常把没交作业的学生名单发到家长群里，结果有的家长看到后很生气。孩子放学回到家，家长火冒三丈，不问缘由，朝孩子大吼："你怎么不写作业？老师都把名字发到群里了，丢不丢人？"听到家长的吼声，孩子也特别恼火，于是跟家长大吵大闹。结果沟通失败，影响了亲子关系。

究其原因，沟通失败是情绪出了问题。与人沟通是否顺畅，70%在于情绪，30%才是内容。在沟通中一旦情绪把握不当，内容也会跟随着被扭曲，越扯越远，严重跑偏。所以，在与孩子沟通前，家长首先要调整好自己的情绪。情绪好了，沟通的内容就不会跑偏，才能做到有效沟通。

如何培养孩子善于沟通的能力

我们知道，有效沟通非常重要。那么如何培养孩子的沟通能力呢？家长不妨从以下几个方面入手：

一、做常和孩子沟通的父母

孩子的沟通能力是在和父母的相处过程中形成的。沟通不仅仅表现在语言上，还包括一个眼神、一个手势或一个拥抱。其实孩子还在婴幼儿期时就已经在跟父母沟通了。良好的家庭氛围对孩子沟通能力的形成起着重要的作用。父母只有给孩子创造一个温馨、民主的家庭环境，孩子才会形成自信和善于沟通的品质。

随着科技的发展，人们对电子产品和网络的依赖越来越强，而人与人之间面对面沟通的能力则在不断下降。在家庭中，家长不要在孩子面前不停地刷手机、打游戏，而要和孩子多沟通、多互动，这样才能培养孩子良好的沟通能力。此外，家长还要多带孩子参加社会活动，让孩子多交朋友，以增强孩子与同龄孩子的沟通能力。

总之，父母沉迷于网络世界，和孩子交流互动缺失，必然会影响孩子的沟通能力。所以，要培养孩子的沟通能力，父母首先得做好自己。

二、引导孩子学会换位思考

换位思考是沟通的一大法宝。沟通之所以无效，往往是因为沟通双方都在各执己见，只站在自己的立场看问题，最后演变成争论或争吵。所以，家长就要从小教会孩子换位思考，而这种能力可以在生活中潜移默化地培养。比如，孩子把玩具扔了一地，妈妈不要一边朝孩子大吼大叫一边收拾玩具，而应该对孩子说："你爱不爱妈妈呢？"

孩子肯定回答："爱妈妈。"

妈妈可以继续说："你看妈妈忙了一天都累坏了，你要是爱妈妈就应该知道心疼妈妈，玩完了自己把玩具收拾好，不要再乱扔了。"这时孩子肯定会默默地点头。家长可趁机说："你和妈妈一起收拾玩具好不好？"然后，母子二人一起收拾玩具。

这样的沟通就是在教孩子换位思考。久而久之，每当出现问题时，孩子就会站在对方的立场换位思考，而沟通时就会把话说到对方的心里，于是也就架通了心与心之间的桥梁。

三、教孩子做一个能够控制情绪的人

家长与孩子沟通时先要控制自己的情绪，这样才能冷静、理智地把问题处理好。

比如，有一天孩子放学后一进门就哇哇大哭，说在学校里有同学欺负他了。这时家长要做的不是逼着孩子说出那个同学是怎么欺负他的，他有没有反抗，而是让孩子先把书包放下，坐到家长身边冷静下来。当孩子的情绪稳定后，再让孩子一五一十地讲述事情的经过。坏情绪会让人变得焦躁，让很小的事情瞬间变大，将矛盾升级。所以，无论是家长还是孩子，在沟通前都要把情绪调整好。只有

把孩子培养成一个能够控制情绪的人，他才会成为一个善于沟通的人。

四、教会孩子有效的沟通方法

缺乏正确的沟通方法，也就无法达到有效沟通。教会孩子有效的沟通方法，需要注意以下四个"学会"：

1.学会聆听。告诉孩子，在与别人交流时，一定要用心聆听，这样才能准确抓住对方要表达的信息。只有抓住要点，明白对方想要表达的意思，才能保证沟通顺畅。

2.学会微笑。告诉孩子，微笑是最简单有效的沟通方式，一个美好的微笑会瞬间拉近沟通者之间的距离，使沟通能愉快地进行下去。

3.学会看人。人的眼睛是会"说话"的，目光交流在信息传递中发挥着重要的作用。所以告诉孩子，与人沟通时不要低着头，也不要目光游离不定，用或诚恳或崇拜或善意的目光看着对方，才是礼貌的行为。

4.学会说话。有的孩子在与人沟通时，长篇大论、滔滔不绝，却没有切中要害或者说到关键之处，不是没头没脑的废话，就是让人不知所云。语言是沟通最重要的途径。应告诉孩子，要把话说到点子上，才能达到有效的沟通。另外，在指出别人的问题时要尽量委婉，给人留点儿面子。

总之，没有一个人可以置身于群体之外，我们都要与外界不断地沟通。一个善于沟通的人，在人际交往中就会如鱼得水；反之则会处处碰壁，出现交往障碍。培养孩子沟通能力的意义便在于此。

小故事大道理

孔子是一个在沟通方面很有技巧的人。在《吕氏春秋》里有这样一段记载：

孔子周游列国时，正值兵荒马乱，常常三餐不饱，有一次竟然连续7天靠野菜果腹。有一天，颜回费尽周折讨到了一点儿大米。看着快要煮熟的米饭，在场的人难免垂涎欲滴。忽然，孔子看到颜回悄悄地掀起锅盖，抓起一些快要煮熟的饭塞进嘴里。孔子顿生不满，却假装没看见。饭煮熟了，颜回请孔子吃饭。孔子假装若有所思地说："刚才我做了一个梦，梦见祖先来到面前，所以想把干净的还没人吃过的米饭先拿来祭祖先。"

颜回紧张地说:"这锅饭我已先吃过一口了,不可以祭祖了。"

孔子问:"为什么呢?"

颜回说:"煮饭的时候,我发现有灰尘落到了锅里,而被灰弄脏的米饭丢掉太可惜,所以我只好抓起来吃了。"

孔子这才明白自己刚才所看到的事情真相,内心反而愧疚起来,怪自己不该怀疑颜回。从此,他更加信任颜回了。

第22讲　善于谋略

——培养一个大格局的孩子

> 打仗除了人和装备的因素,另外一个重要的因素就是谋略。中国人很善于谋略,自古至今也有不少关于谋略的经典著作,如《孙子兵法》《六韬》《尉缭子》等。人生就是一场战争,懂得谋略才能做好人生布局。

多算胜,少算不胜

我们常常说有些人做事东一锤子、西一棒子,没有任何章法。孩子的学习也是如此,不善谋略就下不好人生这盘棋。

记得上军校的时候，我们开过有关谋略的课程，一些经典战例至今令人称颂。比如，战国时期的军事家孙膑采用"围魏救赵"和"退兵减灶"之计，分别在桂陵之战和马陵之战中大败魏军，而曾经谋害孙膑的魏将庞涓气愤之余，自杀身亡。如果孙膑不善谋略，别说打败魏军，迫使庞涓自杀，恐怕他早就被庞涓陷害并折磨致死了。

所谓的谋略就是不能急于一时，而是要放眼全局，懂得该放弃什么，该珍惜什么，这也是人生的真谛。在部队，每年都要进行大大小小的演练，以及大规模的联合军事演习。军事演习除了要检验每个军人的战斗能力，更重要的是考验指挥人员排兵布阵的能力，也就是谋略能力。

现代战争不再是单一兵种的行动，而是多兵种、多军种的联合作战行动。指挥协调与战争布局的能力越来越重要。所以，军营中平时就特别重视对军人，特别是指挥员战略思维能力的培养。比如，某位连长在接到上级的一项任务后，他会对这项任务仔细研究，如果时间允许还要召开支委会进行讨论，制定出一个比较周密的行动方案。如果这项任务与其他工作有冲突，他还会权衡利弊，确定该把重点放到哪项任务上。其实，这就像打一场突围战，兵力不能分散,也不能四处攻击,而是要集中兵力,选择一个主攻方向,这样才能突破敌人的防线,杀出一条血路。

经验告诉我们,凡是失败的军事行动大多是败在谋略上。不善谋略,大象也有可能被蚂蚁吃掉;而善于谋略,蚂蚁也能吃掉大象。

谋略对于孩子有什么意义

善于谋略对孩子有什么意义呢?举一个简单的例子大家就明白了。假设有一次数学考试的时间比较紧张,只要在任何一道题上耽误时间就有可能做不完。两个平时学习成绩相差无几的同学,可能会因为谋略意识不同而得到差别较大的分数。原因很简单,分数低者因纠结于个别题目而耽误了大量的时间,导致很多会做的题没有时间做。考试前,老师也经常跟学生们讲答题技巧,比如抓紧时间先把会做的题都做完,然后再去思考不会做的题。其实,这就是谋略在生活中最简单的体现。

不仅是孩子,很多成年人平时也总爱纠结于那些鸡毛蒜皮的小事,而忽略了重要的事情,也就是我们所说的丢了西瓜捡芝麻。做事之前要通盘考虑，这便是谋略意识。有了这种意识，才能排兵布阵，战胜可能会出现的困难，赢得最后的胜利。

不过，这里也要强调一点，谋略不等于心机。谋略是将全局落实到细节的能力，而不是算计别人，损人利己。

如何提高孩子的谋略能力

谋略意识和谋略能力对孩子很重要，因为这会让他成为一个大格局的人。那么，在生活中我们该如何提高孩子的谋略能力呢？

一、不在小事上纠结，培养孩子的大格局意识

一个人的格局不同，做事的方式也就不同。比如，我们在和别人谈合作的时候，有些人在合作还没开始之前就一直问对方能给自己带来多少收益，而有些人则注重如何把合作项目运作得更好，收益自然水到渠成。

格局小的人纠结于鸡毛蒜皮，格局大的人目光高远。可以说，格局直接决定了一个人能否有更广阔的发展空

间。格局从某种程度上说就是谋略的一种体现,善于谋略的人格局自然不会小。所以,我们要培养孩子不纠结于小事,形成大格局的意识。

父母的格局,决定了孩子的做事方法。很多人认为格局与文化程度有关,其实格局的大小并不完全取决于知识与文化,而在于是否有一颗开放的心。每一个孩子几乎都是父母的影子,家长要给孩子树立一个很好的榜样,也就是要想让孩子成为一个什么样的人,自己首先要成为一个什么样的人。比如,一个父亲每天回到家为了鸡毛蒜皮的小事跟孩子的母亲吵架,发泄自己在工作中的不满。孩子经常耳濡目染,长大后想必也会成为这样的人。家长要在孩子面前展现的是心胸宽广、光明磊落、积极向上的精神面貌,这样才能培养出一个豁达乐观、不为琐事所困的人。

二、博览群书

我们要鼓励孩子博览群书,涉猎方方面面的知识。但是,现在国内的儿童图书也存在一些不足,主要表现为视野和格局偏小。

现在有很多作家专门为少年儿童创作文学作品,这是一件好事情，但我们也发现，现在的童书主题和内容大多是围绕着学校、家庭、乡村、城市的，也就是校园文学、亲子文学、留守儿童和乡村文学比较多，近年来科幻题材的儿童文学作品也有所增加。但我们通过认真阅读不难发现，这些故事大都是局限在孩子与同伴、父母或老师之间的一些小故事。

当然，生活是文学创作的源泉，这些题材是无可厚非的。但开阔视野对孩子的成长至关重要。所以，这些年我一直在提倡给孩子看一些融入了时代大背景、能开阔视野的儿童文学作品，我也在致力于创作这样的作品。

比如，我的作品之一"少儿军事系列"，其中一本讲的就是海外维和的故事。中国崛起后，作为一个负责任的大国要承担更多的国际责任，因此派兵赴非洲维和。书中融入了政治、经济、文化、军事等众多元素，孩子通过阅读轻松幽默又紧张刺激的军事故事开阔了视野，而不是只纠结于和同桌吵架、与父母闹矛盾这样的琐事。在军事故事中谋略是不可缺少的一部分，比如主人公要营救中国公民，与敌军斗智斗勇展开激战，靠的就是谋略。

除了文学作品，类似题材的图书还有很多，比如些军事家、思想家的传记等，对孩子都有一定的启发和影响。

三、行万里路

孩子如果每天只待在家里，不是写作业就是围着电视、电脑、手机转，他的思维和视野必然会受到限制。所以，带孩子出去看看世界是很有必要的。比如，学英语出身的马云，若不是因为去国外见识了互联网经济，也不会有互联网创业的念头，更不会有今天的阿里巴巴。

孩子只有用眼睛观察，用心灵去感受这个世界，才能有广阔的胸怀和视野。不过，行万里路不仅在于"行"，更重要的是在行走中思考。我们要引导孩子思考所见所闻，从而有所感受，而不是游山玩水，走马观花。让孩子在思考中确立人生目标，以开阔的思维方式去走好人生的每一步，这样孩子便不会仅仅看到眼前利益，只追求触手可及的东西。一个善于谋略、格局宽阔的人才能更好地把握人生方向，懂得轻重取舍，不会轻易被眼前的利益所诱惑，更容易做出一番大事业。

小故事大道理

"田忌赛马"出自《史记·孙子吴起列传第五》，故事的主角是田忌、孙膑和齐威王。

齐国使者到大梁来，孙膑以刑徒的身份秘密拜见，劝说齐国使者。齐国使者觉得此人是个奇人，就偷偷地把他载回齐国。齐国将军田忌非常赏识孙膑，待他如上宾。田忌经常与齐国众公子赛马，设置重金赌注。孙膑发现他们的马分为上、中、下三等，于是对田忌说："您只管下大赌注，我能让您取胜。"田忌相信了他。

比赛即将开始，孙膑说："现在用您的下等马对付他们的上等马，用您的上等马对付他们的中等马，用您的中等马对付他们的下等马。"三场比赛结束后，田忌一场败而两场胜，最终赢得千金赌注。因此田忌把孙膑推荐给了齐威王。

田忌赛马的故事告诉我们：做事要善于谋略，要有大局观，这样才能战无不胜。

第23讲 勇于担当

——有责任心的人最值得信赖

我在学校里给孩子们讲课的时候经常讲到"勇于担当"这个主题,每讲到这里我就会问同学们:"你们喜欢和什么样的同学做朋友呢?"同学们的回答各式各样,但大多数都表示,他们喜欢和有责任心的人做朋友,这是因为敢于担当的人最值得信赖。孩子况且如此,成年人必然也是这样。没有人喜欢跟背信弃义、遇事推卸责任的人做朋友。

要想带好兵，就要勇于担当

从职业角度讲，军人承担着保家卫国的使命。当国家遭遇危难时，军人必须责无旁贷地挺身而出，担负起保家卫国的重任。

直到今日，我的脑海中还经常浮现出我上军校时的校训——事业、责任、献身。从我踏入军营、穿上军装、手握钢枪的那一刻起，便能感觉到自己肩负重任。军营中有一种无形的力量，它体现在每一件物品上：帽子上的军徽、身上的军装、手里的枪、一辆辆战车，还有整齐的营房。它们从不言语，却无时无刻不在影响着我们，让我们成为一个勇于担当的男子汉。

在军营中，无论官职大小，每位军人都必须做到以身作则，勇于担当。比如，我们的轻武器射击教官，虽然已年过半百，但训练时他从来都不用示范兵，而是像年轻人一样亲自给我们演示各种战术动作。我毕业后成为军官，无论是在基层带兵还是当了教官，都在不断地告诫自己，要做一个以身作则的上级，这样才能带出勇于担当的兵。

勇于担当的人最值得信赖

每个人都有不同的社会角色，比如一个男人的家庭角色是父亲，职业角色是教师，他还是一些人的朋友，更是一个公民。

每个角色都有自己的责任，作为父亲他对家庭应该有担当，作为教师他对学生、对教育应该有担当，作为朋友他对友情应该有担当，作为公民他对国家和社会应该有担当。

当然，并不是所有人都能自觉承担自己的责任。比如，有些人对家庭缺乏责任感，对长辈来说不是一个合格的儿子，对妻子来说不是一个合格的丈夫，对孩子来说不是一个合格的父亲。和如此自私、不负责任的人生活在一起是非常痛苦的。又比如，有些人对待工作非常不负责任，总是推诿，不愿意承担，一旦出现问题就马上跟自己撇清关系，把责任推卸给别人。

没有担当精神的人是不值得信赖的，即便侥幸逃避了责任，最终也会被朋友抛弃，被家人嫌弃，成为一个不受欢迎的人。所以说，当你承担起责任时，虽然在某个时刻、某件事情上也许会吃亏，但从长远看，只有勇于担当，你才能获得别人的信赖，得到更广阔的发展空间。

如何培养孩子的责任感，让他成为一个勇于担当的人

很多家长认为，男孩儿才应该有担当精神，女孩儿则不用。其实不然，男性和女性只是性别和社会角色不同，但不同的社会角色有不同的责任，比如女孩儿如果要成为一个妻子或母亲，就需要负起相应的责任。那么，在生活中我们该如何培养孩子的责任感呢？

一、言传身教，强调"我们"的概念

家长的教育方式，尤其是自己的行为对培养孩子的责任心有很大的影响。在对孩子过度保护、娇生惯养的家庭中，孩子更容易形成自私自利、推卸责任的性格；而在对孩子过于严厉、集权式的家庭中，孩子往往没有主见、缩手缩脚、不敢负责，因此也缺乏担当精神；相反，在相对自由的环境下长大的孩子，往往具备独立思考的能力，敢

于表达自我,责任心更强。

所以,做家长的要努力为孩子营造一个自由民主的家庭氛围。首先,家长要率先垂范,做孩子的好榜样。家长的言行就是一面镜子,对家庭、对社会的责任心都会折射到孩子的身上。一个毫无责任心的家长,不可能培养出有担当的孩子。

其次,责任心的培养要通过孩子的自身体验来完成,所以家长不要越俎代庖。比如,在日常生活中,有很多家长替孩子整理书包,帮他们检查作业。表面上看这些家长好像对孩子很负责,其实他们剥夺了孩子体验责任的权利。于是,孩子自己收拾书包和检查作业的责任心就慢慢消失了,每天就等着家长来帮他做这些事情。这是责任心的"错位"和"越位"。所以,家长应该放手,让孩子自己承担失责的后果。比如,家长不帮孩子检查作业,他的错题被老师发现后就会挨批评,这样他才能感受到自己该承担的责任。

再次,从小处着手,强调"我们"的概念。我们可以想一想,家长是不是经常对孩子说"妈妈给你做饭""快把脏衣服脱了,妈妈给你洗"等诸如此类的话?这些话不断地向孩子强调妈妈或爸爸这个概念，其实也就是在强调这些事情是妈妈或爸爸应该做的。孩子自然不会意识到他也应该承担一部分家庭责任，其他方面也是如此。我们不如换一个角度，从强调"我们"这个概念开始。比如，根据孩子的不同年龄，引导孩子和自己一起完成家务。如"我们一起把碗筷收拾到厨房里""我们一起把脏衣服洗干净"等。不断地用"我们"这个概念来引导孩子一起承担家庭责任，慢慢过渡到孩子独立承担家庭责任，从而培养孩子的责任感。

二、有意识地纠正孩子逃避责任的行为

有些人遇到问题就想逃避，或者找各种借口甚至是撒谎来推脱责任，然后用谎言弥补更多的谎言。其实，解决问题最简单的办法就是面对问题，敢于担当。对于孩子来说亦是如此。如果孩子撒谎是为了逃避责任，家长就要及时纠正这种行为。

比如，孩子跟父母一起到朋友家做客，不小心打破了贵重物品。孩子害怕承担责任，也许就会撒谎或者躲起来。此时，家长要做的不是指责，而是告诉孩子做错了事

情就要学会承担，主动向主人道歉并进行赔偿。事后家长也不要翻旧账，要告诉他，直面错误是解决问题的最好方法，否则谎言被揭穿会更尴尬，而且会失去朋友的信任。

三、善用"后果教育"，让孩子认识到责任的重要性

有些家长经常会遇到这样的事情，比如孩子刚到学校就给家长打电话，"妈，我的作业忘记带了，你给我送来吧"，或者"爸，今天有体育课，我忘记穿运动鞋了，快把运动鞋给我送来"。而家长往往是克服重重困难，乖乖地把东西送到学校。

为什么孩子总是一副事不关己的样子呢？原因很简单，他知道总会有人帮他解决这些事情。究其原因，是因为他没有被"后果"惩罚过。比如，没带作业被老师罚写，没穿运动鞋被老师罚跑。只要接受过惩罚，孩子以后自然不会忘记了。所以，家长要狠下心来，不要怕孩子受苦、受气，应该坚持不把他遗忘的东西给他送过去，让他自己承担后果，认识到什么是责任。总之，当孩子由于个人的疏忽、不负责任等原因造成不良的后果时，家长要让孩子

自己来承担，而不是替他扛着。

最后我想说，只要把孩子培养成一个有责任心、敢于担当的人，你就不必担心他的未来，因为这样的人会忠于家庭，有一个温暖和谐的家；会热爱事业，成为单位的核心；会感恩社会，成为一个不抱怨、不堕落的人。

小故事大道理

小时候里根跟伙伴们踢球，一不小心把足球踢到了一户人家的窗户上，把玻璃砸碎了。这户人家的主人气势汹汹地冲出来，一把揪住里根，要求他赔偿12.5美元。里根说："您放心，玻璃是我弄碎的，我会赔偿的。"于是，他回到家找爸爸要钱。

里根的爸爸说："钱不是给你的，而是我借给你12.5美元，因为祸是你闯的，所以你要在一年后还给我。"

里根答应了父亲。就这样，里根拿到了12.5美元并将其赔偿给那户人家。为了还钱，读书之余，里根便去餐厅里洗碗。终于，他通过自己的劳动攒够了12.5美元。拿着这笔钱，他来到父亲面前说："我挣够了12.5美元，现在可以还给您了。"

父亲接过钱,说:"儿子,我不是为了让你还钱,而是要让你明白,自己做错的事情要自己负责,做一个勇于担当的人。"正是因为里根勇于担当,才使得他在人群中脱颖而出。最终,他通过努力成了美国总统,走上了人生的顶峰。

第24讲 内心强大

——远离脆弱才能不受伤害

有些孩子的心仿佛是玻璃做的,一碰就碎,在学校里老师说他几句就会哭鼻子,摔个跟头也会哭得像个泪人;相反,有些孩子却坚强得很,摔倒了自己爬起来,拍拍身上的尘土继续大步向前。成年人也是如此。面对挫折,有些人会深陷其中不能自拔,有些人则会一笑而过。脆弱的人仿佛总在受伤,而内心强大的人则可以远离伤害。

只有内心强大才是一个合格的兵

军人似乎生来就是为战争而准备的，而战争的残酷是常人无法想象的，唯有内心强大的兵才能够冒着炮火冲锋，向着危险挺进。然而，强大的内心不是天生的，而是在训练中磨砺出来的。每年新兵训练的时候都会出现一些意外情况，而这些情况的出现往往是因为新兵的内心不够强大。以投弹训练为例，一枚手雷握在手中，食指紧紧地钩住拉环，然后用力向外抛出。这样拉环就会被拽下来，而手雷也就被引燃，随后便会在远处落地并爆炸。但是，这只是理想中的情况。有一些新兵的内心不够强大，握着手雷浑身发抖，结果拽掉了拉环，手雷却没有抛出去，而是掉在了脚下。这是十分危险的。手雷一旦爆炸，周围的人非死即伤。不过，也不必太担心，因为新兵投弹的时候身边都会有一个老兵或者军官负责指导，一旦手雷落在脚下，老兵或军官就会快速将手雷捡起并抛出去，同时将新兵推倒压在身下进行保护。从新兵与老兵的表现来看，一个是内心脆弱，另一个是内心强大，在面对危险的时候所做出的反应便截然不同。脆弱者在面对困难和危险时会犹疑退缩，而强大者则会勇敢面对，问题也会迎刃而解。这些新兵虽然因为内心脆弱而动作失误，把手雷丢到脚下，将自己置于危险境地，但是只要反复地练习，内心脆弱者一定会克服心理障碍，成为一名合格的战士。所以，强大的内心是可以通过后天历练出来的。

不仅仅是投弹训练，军营中的战士还要不断地接受新的挑战，并承受高强度的心理压力，没有强大内心的人是很难坚持下来的。经过一次次的挫折和磨炼，那些从父母羽翼下走出来的孩子也会像军营中的老兵那样，克服脆弱的心理，成长为内心强大的男子汉。

内心强大的人可以忽略不必要的伤害

军人是高风险的职业，有一颗强大的内心对他们来说很重要。对于普通人尤其是孩子来说，内心强大的意义何在呢？

有些孩子内心是很容易受伤的，在学校里老师批评几句，他就会忧郁好几天；考试没考好，他也会把自己关在屋里哭鼻了；甚至有的孩子因考试没考好、作业没做完而自杀。每当看到这样的新闻，我们便会痛心不已。我们想不通，这些孩子为什么会因为一些不起眼儿的小事而想不开呢？可是我们或许并未意识到，一些本就无足轻重的小事对于一些孩子来说就如同天大的事情。或者说，在有些孩子的心中，很多事情都是无法逾越的鸿沟，因为他们的内心过于脆弱。一个人只要生活在社会群体中，就难免受到伤害。内心脆弱的人在面对这些所谓的"伤害"时会被负面情绪所困扰，甚至严重影响自己的生活；而内心强大的人则能够忽略这些伤害，让自己拥有愉悦的人生。培养一个内心强大的孩子，我们并不要求他必须做出一番惊天动地的事业，而是希望他不要过多在意别人的目光，忽略不必要的伤害。

如何培养一个内心强大的孩子

拥有一颗强大的内心的确非常重要。作为家长，我们都希望自己的孩子不要过多地纠结旁人的言语与目光，坚持自己，做一个快乐健康的人。那么，我们该如何培养孩子强大的内心呢？

一、给孩子足够的关爱，让孩子学会包容

研究表明，家庭不和睦或者缺乏关爱的孩子往往内心更脆弱，比如单亲家庭的孩子，父母感情不和、经常吵架，甚至有家庭暴力的家庭中的孩子。相反，在幸福和睦的家庭中，父母能够给孩子足够的关爱，孩子被幸福感包围，更容易形成乐观自信的性格。所以，为孩子营造一个温馨和谐的家庭氛围，是培养孩子乐观、积极向上必不可少的条件。孩子只有在生活中体会到被重视、被关爱，才能树立自信，拥有强大的内心。

但是，家长也要注意，不要把关爱变成溺爱。为孩子创造温馨和谐的家庭环境，并不等于无条件地满足孩子的所有要求，使其变得任性、固执，事事以自我为中心。家长还要让孩子学会独立，培养孩子独当一面的能力。

除此之外，家长还要培养孩子的包容心，无论是对待他人还是自己都不能过于苛刻。只有让孩子学会包容，他才能用积极的心态去应对那些不如意的事情。

综上所述，家长要为孩子创造和睦的家庭氛围、独立成长的环境，要为孩子树立一个包容他人的榜样。

二、培养一个输得起的孩子

许多家长都在不停地向孩子灌输"赢"的概念，比如考试要考 100 分，要进前三名等。在这种教育理念下成长的孩子只知道"赢"，却不知对于人生来说"输"同样是一种正常的状态。就连打仗都讲"胜败乃兵家常事"，又何况我们的生活呢？

培养一个"输得起"的孩子也许比培养一个"只能赢"的孩子更重要。孩子只有拥有强大的内心才能接受失败，才能输得起。说到这里，我想到了一个孩子。这个孩子是我儿子的同班同学，几乎每次考试都是班里的第一名。只要没有考第一名，他就会趴在课桌上哭，而且往往是一哭就一整天，甚至在考试后的一周内一直情绪低落。老师和同学们都劝他，但往往越劝他哭得越厉害。很显然，这是一个要强的孩子，但也是一个脆弱的孩子。在人生的道路上，比考不了第一名更大的挫折还有很多，如果这个孩子不能让自己的内心变得强大，即便他每次都考第一名，他的人生也令人担忧。这个男生之所以"只能赢"而"输不起"，想必和父母的教育理念有关。

如果想要培养一个豁达开朗、内心强大的孩子，我们就要告诉孩子，"输"也是一种常态，只要努力，就别过多地纠结于结果，这样才能拥有轻松快乐的生活。

三、培养孩子内心的愉悦感，做一个乐天派

有些孩子的心理素质很好，总是乐呵呵的；有些则恰恰相反，遇到一点儿小事就愁眉苦脸。其实，二者的区别往往在于看待事物的方式不同。一个内心强大的孩子必定是内心充满愉悦感的，是一个乐天派。

一个乐天派的孩子在面对困难的时候看到的是积极的一面，而不是消极的一面。我们该如何培养一个具有乐观精神的孩子呢？作为家长，应该用实际行动教会孩子看待事物的两面性。举个例子，一个口渴的人看到半杯水会有两种心态：一是只有半杯水，根本不够喝；二是幸亏有半杯水，不然就渴死了。在生活中，"半杯水"的现象无处不在。比如，孩子一不小心把手机掉在了地上，屏幕出现了裂痕。他拿起手机哭丧着脸对爸爸说："我把你的手机摔坏了。"家长会有两种反应：第一种，爸爸说，"你能不能小心点儿？"第二种，爸爸接过手机用手滑动屏幕，

然后笑着说,"没什么大事,换个屏幕还能用。"两种不同的反应折射的是两种不同的心态。一个乐观的家长自然也会有一个乐观并且内心强大的孩子。

总之,培养内心强大的孩子,为的是让他在面对挫折时能够看到事物积极的一面,用积极乐观的心态去解决问题或接受失败,这样孩子才能够忽略一些不必要的伤害,健康成长。

小故事大道理

生物学家达尔文的长子威廉是一家银行的职员。有一天,他沮丧地对父亲说:"父亲,我不想在这家公司干了,因为很多同事在背后诋毁我。"

达尔文微微一笑,对威廉说:"孩子,没什么大不了的。最近,我研究生物的时候发现了一种奇怪的现象,你想听听吗?"

威廉很失望,心想,父亲只关心研究生物,并不关心自己。达尔文不管威廉是否失望,继续说:"我发现一种寄生在树上的大青虫有数不清的天敌,光鸟类天敌就有400多种。所以,它时刻都要小心,不然就会被吃掉。"

威廉当然不关心大青虫有多少天敌,所以默不作声。达尔文问:"你知道野兔有多少天敌吗?"威廉摇摇头。达尔文说:"野兔有37种天敌,包括鹰、猎狗、狼等动物。"

威廉实在听不下去了,可是达尔文再次发问:"你知道豹子有多少天敌吗?"

威廉爆发了:"父亲,我对这些不感兴趣!"

达尔文依然保持微笑:"告诉你,豹子几乎没有天敌,就连狮子和老虎也不会轻易去招惹它。至于老虎和狮子就更没有天敌了。这就是丛林法则。"他继续说,"儿子,我知道你对生物学不感兴趣,我只是想通过这项研究告诉你,你越弱小天敌就越多,而你越强大天敌就越少。如果你不想受到伤害,你就必须变得强大起来,变成豹子、狮子、老虎,而不是大青虫。这是摆脱伤害的唯一方法。"

威廉恍然大悟。从此以后,他不再抱怨,不再在乎那些闲言碎语,而是不断地努力,让自己的内心变得更加强大。数年后,通过努力,他当上了总裁,成了一名有影响力的银行家。

第25讲　注重仪表

——把脸洗干净是对自己也是对别人的尊重

> 两个陌生人初次见面,仪表和礼节往往是给对方的第一印象。一个举止得体、看上去干净利落的人,必然会给人留下好的印象;反之,一个邋邋遢遢、言谈举止粗俗无礼的人,则会给人留下不好的印象。可见,一个人的仪表和礼节在生活中有着不可忽视的作用。

仪表和礼节是对军人的基本要求

军营中有很多规矩,其中重要的一条就是关于礼节和军容仪表，而且这些规矩必须严格遵守，并在每天的生活中做到位。走进每个连队的营房，都会看到一面军容镜，每个军人都要按要求严整着装。从帽子到领带，从每颗纽扣到每双鞋子，以及头发和指甲的长度都有严格的要求。军营不仅仅对仪表有要求，对言行举止也有着严格的要求。正如"坐如钟、行如风、卧如弓"，要求站有站相，坐有坐相，走路的时候要抬头挺胸，步态稳健，绝不允许有"三手"现象：袖手、插手和背手，即把手缩进袖子里，或插在口袋里，或背在身后。

军营里有专门的纠察人员，每天在营区巡视，发现军容风纪不严整的军人会立即纠正并进行通报，以此监督和提醒军人时刻注重自己的仪表。军营对军人仪表的重视使得军人养成了注重仪表的良好习惯。

军营对军人的礼节要求也非常严格，对上级或平级的用语，以及待人接物都有严格的规范。比如，下级见到上级要敬礼，上级进入室内下级要起立；上级对待下级同样要有礼貌，必须及时回礼。再如，在每次操课之前，下级都要向上级进行规范的报告，并请求上级下达指示。这些礼节已经在军营中形成模式，每天都在重复进行，所以很多军人即便退伍也同样保持着良好的礼节习惯。

懂礼貌的孩子更受欢迎

仪表和礼节不仅对军营中的军人有重要的意义，对于孩子也是如此。试想，一个孩子系着红领巾、衣着整洁地走进校园，见到老师礼貌问好；另一个孩子邋里邋遢，把红领巾拿在手里乱挥，横冲直撞，见到老师也不理睬。如果您是老师，会喜欢哪个孩子呢？相信您肯定会喜欢前者。作为一名教育工作者，虽然职业道德要求老师要平等对待每一个学生，但如果学生严格遵守校园仪表和行为规范，懂礼貌，有教养，自然会更受老师的欢迎。

还有一点需要提醒，就是我们常说的"做大事者不拘小节"，但"不拘小节"并不是不注重仪表礼节。有的人曲解了这句话的本意，用这句话为自己的不拘小节开脱，找借口，其实是自欺欺人。纵观历史，做大事者绝大多数是注重小节的。所以，家长切不可将"不拘小节"与不重视仪表礼节混为一谈。一个重仪表、懂礼节的孩子，更能成大事。

如何培养一个重仪表、懂礼貌的孩子

一个重仪表、懂礼貌的孩子的确容易受人欢迎。那么我们该如何培养一个这样的孩子呢?

一、懂礼貌从学习礼貌用语开始

如果一个人一开口就彬彬有礼,就会给人留下很好的印象。所以培养一个重仪表、懂礼貌的孩子不妨从学习礼貌用语开始。孩子从一岁左右开始咿呀学语,但那时他对语言所表达的含义还懵懵懂懂,基本上需要成人的引导,因此此时是形成孩子礼貌用语的最佳时期。

比如,我和两岁的女儿在日常生活中就经常使用礼貌用语。我并不是刻意地强迫孩子说礼貌用语,而是在她学说话的过程中不断地用礼貌用语与她交流。比如,每次她把东西递到我手里,我都会说"谢谢"。孩子学习语言的能力是很强的,不多久,当别人给她东西的时候,她就会很有礼貌地说"谢谢"了。每天早晨,当孩子睁开眼,我都会跟她问好,很快她也学着跟我问好。现在孩子两岁了,和别人说话的时候已经学会使用很多礼貌用语了,而且这种礼貌不是刻意为之，而是已经形成了习惯。每次在外面跟小朋友们一起玩，她都会主动打招呼："阿姨好！""奶奶好！"其他小朋友的家长给她吃的或玩的东西，她都会说"谢谢"。很自然地，家长们就喜欢让孩子跟她一起玩，还总是夸赞她懂礼貌。假如她是一个不懂礼貌的孩子，和其他小朋友玩的时候总是抢玩具，别人给了食物或玩具也不知道说"谢谢"，想必给别的家长留下的印象就会比较差了。

当然，学习使用礼貌用语从任何年龄开始都不晚，所以如果你或者你的孩子还没有养成使用礼貌用语的习惯，那就从现在开始培养吧！

二、重仪表从把自己的脸洗干净开始

洗脸看似是一件小事，却也是一件大事。很多孩子在洗脸时总是应付了事，有些孩子甚至长到十几岁还是洗不干净脸。我们培养孩子注重仪表，不妨从教会他把脸洗干净开始。

衣着同样要像脸一样干净整洁，这样才能给人一种清爽利落的感觉。衣服不管贵贱、新旧，只要干净整洁，给人的感觉都是舒适的。一个人即便身穿名牌,如果是脏兮兮的,同样给人不舒服的感觉。作为家长,不管多忙,都要保证孩子的衣着都干干净净,这便是仪表。即便孩子还不懂,但他也能意识到。随着年龄的增长,他会有意识地在出门前把自己收拾得干净利落。这是一种积极向上的精神状态,会伴随着孩子的一生。如果一个人不在乎自己的形象,邋邋遢遢,一身油腻,想必他的生活状态和心态也和他的形象一样糟糕。

三、良好的家风就是最好的课堂

仪表和礼节归根到底是家风的问题。有些家长认为孩子就应该无拘无束地成长,不该有那么多规矩,甚至认为等孩子长大些再学习仪表和礼节也不迟。

家风家训逐渐丧失是孩子不懂礼节的一个重要原因。想想我们的孩子,有几个在吃饭的时候是等长辈先动筷子然后自己才动筷子的?有几个家里来了客人主动起身问候的?我们看到的大多是,聚餐时孩子们在餐桌上挑三拣四,家里来了客人自己只顾躲在屋里玩游戏,不懂得出来问候。这便是不懂礼貌、不重礼节的典型表现。当一个孩子有失礼节，长辈可以谅解、包容。但是，当他长大成人步入社会、进入职场后，仍缺乏基本的礼貌和礼节，就是不成熟的表现，自然是不受上级和同事喜欢的。

孩子身上如果出现了这些问题，其实并不完全是孩子本身的问题，家长负有不可推卸的责任。一个人的行为举止最能体现一个人的教养。记得很小的时候，家里来了客人，父亲就教我给客人沏茶，看客人的茶喝剩半杯的时候，就要主动给客人加水等。这些习惯都是小时候养成的，这便是好的家风。家长一定要把好的家风带给孩子，让孩子懂一些规矩，学一些礼节，这和释放天性、崇尚自由并不矛盾。

孔子说："不学礼，无以立。"重仪表，懂礼节，表面上看是对别人的尊重，本质上是对自己的尊重。一个重仪表、懂礼节的孩子必将讨人喜欢并赢得尊重。

小故事大道理

一位行为学家为了测试仪表对一个人的重要性，决定做一个实验。第一天，他身穿笔挺的西装以绅士的面孔出现在街头。他向陌生人问路或者打听事情,得到的都是彬彬有礼的回答,对方显得也很有教养。

第二天,仍然是在同一个地方。他穿得有点儿寒酸,一副落魄的样子,还是像昨天一样,向陌生人问路或者打听事情,结果很多人表现出了不耐烦。

第三天,他把自己打扮成一个乞丐的模样,结果还没靠近问路者或者打听事情的人,对方就摆手示意他躲远点儿。

可见,仪表对一个人是非常重要的,特别是在与陌生人接触时更是如此。

第 26 讲　领导能力

——精神层面的影响与带领

> 我们发现，不管是在孩子的世界还是在成人的世界，都会自然而然地形成一些团队，而某个人会成为某个团队的核心人物。例如，当一群毫无干系的人被困荒岛，用不了多久，在这群人中就会产生一位领袖人物，而这个人必然有能力影响和带领其他人，这便是领导力。

军校是一个培养人领导力的地方

军校是一个培养军官的地方，考入军校的本科生毕业后将被授予中尉军衔，分配到基层部队担任排长职务。一个军校毕业生从排长开始做起，才能逐渐晋升到连长、营长，甚至更高级的职务。部队的领导岗位是要带兵、练兵的，是要为打仗做准备的，因此军校特别注重对这些准军官领导力的培养。

军校和地方大学对学生的培养模式完全不同。军校的学生会以学员队为单位进行管理，学员队配有队长和教导员。军校的学生管理主要靠的是自我管理，因为每个学员队会成立一个或几个学员连。在这个学员连中有连长、指导员、排长、班长，完全按照部队的建制来组建。从班长到排长、连长都是从学生当中产生的。这些人往往就是领导力比较强的人。当然所有的事情都不是绝对的，因为经过锻炼很多人的领导能力会迅速提升，所以这些岗位每个学期都要更换。在这种模式下，学员的生活、学习和训练都是自我组织和实施的，当然都要坚决服从上级的命令。

在自我管理的过程中，我发现了两个问题：第一，领导并不等于领导力。一个人被安排到某个岗位，比如成为学员连的排长或连长，他就成了这个集体的领导，但这并不意味着他具备领导力。领导力指的是领导行为、领导作用，而不是具体的角色；第二，领导力靠的不仅仅是被赋予的权力，更多的是精神层面的影响与引领。事实也证明，从军校毕业后晋升比较快的往往是那些能够凝聚人心、树立威信，在精神层面上具有引领作用的同学，而非仅仅是军事素质过硬的人。

即便不成为领袖人物，也需要培养领导力

培养孩子的领导力并不是一定要把他培养成领袖人物，或者所谓的"领导"。

领导力是一种能感染和团结他人，在精神层面给人带来依托感的能力。有些人虽然没有身处领导岗位，但仍然可以像领导者一样发挥作用、产生影响。在家庭生活中也是如此。作为家长，不应该仗着长辈的特权来束缚、要求孩子遵从你的指挥，而是要让孩子通过对你的信任、敬佩，自愿地以你为核心，这便是领导力在家庭生活中的体现。我们不能否认，每个家庭中都是有核心的，而这个核心成员的领导力将直接决定家庭是否和睦。

如何培养孩子的领导力

首先，要明确领导力与性格并没有必然联系。领导力的表现是因为你的存在能使他人变得更好，而且当你不在的时候你的影响力依旧还在。即便是一个内向的人，有的同样具备为自己和他人带来正面影响的能力。所以，无论你的孩子是什么样的性格，都可以从以下几个方面培养他的领导力：

一、重视孩子的主见，给孩子布置家庭任务

随着孩子年龄的增长，他们会越来越多地提出自己的主见。比如："妈妈，我要穿那件红色的衣服。""爸爸，我不戴那个红色的手套，要戴绿色的。"当孩子时不时地表达一些自己的小主见时，家长要抓住这样的机会，尊重孩子的决定。孩子越大，就越有主见，只有尊重孩子，他们才敢于在人群中表达自己观点，拥有充分的自信，也才能成为有影响力和领导力的人。

所有的能力都是在实干中培养出来的，领导力也不例外。所以，家长还可以给孩子布置一些家庭任务来锻炼孩

子的领导力。根据孩子的不同年龄可以布置不同的任务。比如，马上就要过六一儿童节了，可以给一个8岁的孩子布置这样的任务：为庆祝六一儿童节准备一个派对，并让孩子负责组织这次派对。家长只需提出一些原则性的要求即可，其他都由孩子去操办。让孩子自己列清单，父母可以帮他购买所需的物品。在这个过程中，孩子学会了如何策划和组织一场活动，也锻炼了领导力。

二、成为领导是锻炼领导力的有效途径

虽然领导和领导力是两个概念，但当领导的确是培养领导力的有效途径。从小学到大学，学校里都有相应的锻炼机会，小学有班长、学习委员、组长等，大学里有学生会等。事实证明，担任班干部的孩子能在一定程度上激发其更多的领导力潜质，包括孩子成为领导者的动机、接受反馈的能力、激发他人的潜力和应急处理能力等。所以，家长应该积极鼓励孩子参与班级和学校活动，尽可能根据自己的特长在学校担任一定的职务。即便如此，能够成为班级、学生会，或者社团领导的学生毕竟还是少数。所以，对于大多数孩子来说，家长可以鼓励孩子多参加家庭

事务管理，让他们在实际的体验中锻炼领导力，比如前面我们提到的让孩子承办一些家庭活动。

三、通过课外活动锻炼领导力

研究表明，参加一些课外活动对孩子领导力的培养有直接帮助。比如，参加社团能够锻炼策划、组织、宣传工作的能力，以及应对不确定性的能力；参加表演课、音乐课能够增强文化适应能力和接受反馈的能力。不同年龄段的孩子该如何挑选课外活动的类型呢？美国心理学家苏珊·墨菲和斯丹芬尼·约翰逊经过长期研究，给出了以下参考：

年　　龄	培养领导力的方法
学龄前 （2~5岁）	让幼儿学习控制欲望以学会等待延迟满足。 沟通技巧的开发。 情感和非语言交流，比如认知他人面部表情，使用话语影响别人，敢于和他人沟通。

小学 （6~11岁）	团队合作：努力协调与他人合作。 演讲能力：能够把自己的想法清晰地传递给他人（语言表达能力就是最基本的社交技巧）。 礼仪和社会道德准则：学习在适当的地方，适当行动。培养正确的礼仪在幼儿成长中十分重要。 早期领导力的培养：主动为班级同学服务，或者主动做老师的帮手，成为小组活动的领导者。
中学 青春期早期 （12~14岁）	自我管理技能：学习更好地了解自己，并审慎评估自己，设定明确目标。 训练领导力任务：协调组织少年团队工作，以领导者的口吻公开演讲。
高中 青春期晚期 （15~17岁）	组织技能：协调和领导复杂项目，课后和暑期做义工。 激励能力：学习如何激励他人，把团队工作委派给同伴，督促团队中的其他成员。

四、培养孩子领导力的 10 个小技巧

能帮助孩子提升领导力的 10 个小技巧：

1. 为孩子树立好榜样。

2. 让孩子独立完成任务。

3. 告诉孩子解决问题的办法，而不是代劳。

4. 给孩子介绍一些榜样。这些人可以是身边的人，也可以是书中、纪录片中的人。

5. 多理解孩子，同时引导孩子理解别人。

6. 培养孩子坚持不懈的精神。

7. 鼓励孩子充分交流。

8. 强调团队合作的重要性。

9. 告诉孩子每个角色的重要性。

10. 鼓励他们包容开放。

领导力被认为是 21 世纪重要的能力素质之一。它不是天生的，也不是属于某种特定性格孩子的，而是后天培养出来的。任何性格的孩子都具有成为领导者的潜能，只要我们抓住最佳时机，从以上几个方面入手，孩子的领导力就会有明显提升。

小故事大道理

鲁国的国君请孔子推荐一名学生担任单父邑的"父母官"。孔子想到了巫马期，因为巫马期做事亲力亲为，克己奉公。果然，巫马期上任后就兢兢业业地工作，常常废寝忘食，单父邑在他的治理下，百姓称赞，国君满意。但是，由于过度操劳，巫马期病倒了。

无奈，国君只好请孔子再推荐一个人。这次，孔子推荐的是学生宓子贱。与巫马期不同，宓子贱上任后就在官署后院建了一个琴台，每天在院子里弹琴唱曲，很少到处奔波劳碌，可是一年下来单父邑竟然也被治理得井井有条。

巫马期不解，专程去拜访宓子贱，请教其中的门道。宓子贱说："我们都能把单父邑治理好，工作方法却完全不同。你靠的是自己亲力亲为，不辞劳苦。可单父邑那么大，那么多事情，个人的能力毕竟有限，被累垮也是意料之中的事情。而我看似每日清闲度日，但把所有人都调动起来了，他们各司其职，都把自己的工作干得很好，所以照样可以把单父邑治理得有模有样。事业越大需要调动的人就越多，这是领导的能力。"

第27讲 尊重他人

——尊重他人才能赢得他人的尊重

> 有一句话是这样说的：我以为别人尊重我，是因为我很优秀；后来我才明白，别人尊重我，是因为别人很优秀。正如这句话所说，优秀的人更懂得尊重他人。作为家长，我们要多引导孩子尊重他人。

学会尊重你的对手

每年都会有大量的新兵入伍，而新兵的素质也是参差不齐。在军营里，他们要学会尊重他人，尊重对手。真正的尊重不是虚伪地对上级阿谀奉承，而是对所有人都尊重。部队里是等级观念很强的地方，新兵对上级会有一种敬畏感，这是必须的。但这并不意味着只有下级对上级的敬畏，而没有上级对下级的尊重。尊重是相互的，比如下级见到上级要敬礼，这是部队的特殊礼节，而上级同样要回敬军礼，这是上级对下级的尊重。

除了上下级之间要互相尊重，在军营里还要学会尊重对手。对手往往是敌人或者是假想的敌人，比如在训练场上，两个正在较劲的连队就互为对手；在军事演习中，红军和蓝军互为对手。就拿红蓝双方来说，不能因为是演习中的对手就彼此轻视、诋毁对方，反而更要尊重对方，重视对方，充分研究对方的兵力部署、战法、指挥体系等，这样才能做到真正地了解对手，战胜对手。盲目自大，不尊重对手，最后的结果往往是自取其辱。不仅是在军事上，在生活中也是如此。

尊重他人才能赢得他人的尊重

尊重他人的人会闪耀着温暖的光。我们可以用一个故事来说明。

一著名企业招聘人才，经过一轮轮严格的选拔，最终一男一女进入最后一轮的面试，角逐高级管理岗位。两个人接到通知，一同赶往总经理的办公室。走廊中，一位保洁阿姨在转身时不小心和男生撞上，并将盆里的脏水泼到了两个人的身上。女生顿时火冒三丈，朝保洁阿姨吼道："你有没有长眼睛，把我的衣服弄得这么脏，影响了我的面试你负责得起吗？"然后，急匆匆地跑去卫生间清理衣服。保洁阿姨连连道歉。男生则微微一笑，对保洁阿姨说："没关系，就是溅到一点儿水而已。"在等女生返回期间，他还帮保洁阿姨把地上的水拖干净。最终，两个人同时来到总经理的办公室。还没有面试，总经理就直接朝男生伸出手说："恭喜，你被录取了。"女生一脸茫然，不知为何。原来，刚才他们的遭遇就是面试的最后一个环节。总经理说："尊重他人，你才能赢得他人的尊重。这是我们选人的最后一条标准。"

由这个故事我们可以看出，尊重他人才会赢得他人的信任和支持，这便是尊重他人这一品质最现实的意义。

如何培养孩子尊重他人的品质

懂得尊重他人的人才具有独特的魅力，能让人感受到一股温暖之流，能融化冰冷的心。在生活中，我们不妨从以下几方面来培养孩子这种优秀的品质：

一、教会孩子尊重身边的每一个人

相信绝大多数人能够做到尊重父母、长辈、上级、同事和朋友。但是，又有多少人能够尊重身边那些看似无足轻重的人呢？我是一个比较细心的人，和朋友去饭店吃饭，就会有意无意地观察这些人对待服务员的态度。我发现有些人对待同行的领导毕恭毕敬，对饭店的服务员却大呼小叫，甚至出言不逊；有些人则对服务员同样尊重，当服务员给他们倒水的时候会说"谢谢"，并报以微笑。一个人的修养往往就是通过这些细小的事情体现出来的。

你和家人一起去吃饭，你对服务员的态度孩子是看在眼里的。如果你是一个彬彬有礼的人，孩子也会这样；反之，如果你对服务人员态度恶劣，孩子同样会学得有模有样。一个真正懂得尊重别人的人往往不仅表现在他对上司、朋友、同事的态度上，更表现在是否尊重比他地位低的人。

所以，要想培养孩子懂得尊重他人的品质，家长首先要以身作则，尊重身边的每一个人。比如，当外卖或快递小哥把东西给你送到家的时候，向他道一声"谢谢"；他们送货晚了一些也能够体谅他们，不会恶语相向。只要你尊重身边的每一个人，你的孩子就会懂得尊重他人，成为一个真正有修养的人。

二、多说鼓励的话，不要恶语伤人

"良言一句三冬暖，恶语伤人六月寒。"恶语就像一把无形的刀子，刺向别人的时候虽然看不到伤口，却伤到了别人的心。每个人都是有情绪波动的，当遇到不满或者不平的事情时，我们要做的是冷静下来认真思考，而不是口无遮拦地恶语相向。可以说，毫不掩饰地宣泄，是无能和自私的表现。这种做法只会使本来棘手的事情变得更糟糕，使双方都变得一身戾气，更谈不上互相尊重。

比如我们开车的时候，如果不小心和他人的车发生了剐蹭，主要原因也许在对方，如果恶语相向，双方戾气上身，甚至会大打出手（昆山"龙哥"砍人被反杀的事件就是一个典型的案例），后果会更糟；如果先是礼貌地问候，然后提出合理的解决方案，最终双方可能会握手言和。

在生活中，家长要给孩子树立一个宽宏大度、包容别人的榜样。不要在孩子面前大肆地指责和批评他人，更不要用尖酸刻薄的话去伤害他人，尤其在对待家人和朋友时更不能如此。否则，孩子从你身上感受到的是自私和狭隘，以及浑身上下散发的负能量。他也会受你的影响，变成一个心胸狭隘、口出恶语的人。

英国前首相哈罗德·麦克米伦也是教育家，曾兼任牛津大学校长，他在这方面提出过四点建议：

1. 尽量让别人正确。
2. 选择"仁厚"而非"正确"。
3. 把批评转变为容忍和尊重。
4. 避免吹毛求疵。

这四点可以作为我们与人交往时的参考，也更有助于你成为一个尊重他人，也同样受人尊重的人。

三、真正的尊重就是平等

什么是尊重？我认为真正的尊重就是平等。当你能平等地对待周围的人时就学会了真正的尊重。尊重有两种假象，一是对上级或某些方面优于自己的人的阿谀奉承，也就是拍马屁；二是对平级或者不如自己的人说假话。这两种尊重都是假象，不是真正的尊重，而是违心的、虚假的、戴着面具的，也是功利的，甚至是令人感到不舒服的。

真正的尊重就是平等，我们对待上级或优于自己的人不巴结、不奉承，有的只是敬佩的尊重；对待下级或者不如自己的人，不俯瞰、不鄙视，有的只是真诚的尊重。

在生活中，作为家长，如果你在领导面前总是点头哈腰说尽好话、阿谀奉承，孩子也会跟着学，也许在学校里他对老师也会这样。如果孩子从你身上看到的是举止大方的问候，真诚的祝福，那么他和老师交流的时候也是平等的，见面大方地跟老师问好。这便形成了独立健全的人格，而非一个戴着假面具的人。当然，他也就学会了什么是真正的尊重。

总之，懂得尊重别人是一个人教养的充分体现。爱人者人恒爱之，敬人者人恒敬之。我们把孩子培养成一个真正懂得尊重他人的人，也就等于把他培养成了一个受人尊重的人。

小故事大道理

美国一位富翁在散步时遇到一个摆地摊卖旧书的年轻人，他衣衫褴褛，啃着发霉的面包。这位富翁也是白手起家的，所以心生怜悯，顺手将几美元放到书摊上就离开了。但是，没走几步就觉得这样做也许会伤了年轻人的自尊，于是赶紧跑回去对年轻人说："对不起，刚才付了钱忘记拿书了。"说完，拿起一本书并对年轻人说："其实，咱俩是同行，都是生意人。"

几年后，这位富商参加一个商业活动时，一个年轻的商人走上前来，激动地握住他的手说："先生，估计您已经忘记我了，但我一辈子也不会忘记您。我就是那个摆地摊卖旧书讨生活的人。是您的一句话改变了我的人生，您说我们都一样，都是生意人，这句话让我有了自信，发奋努力。"

富商看着面前的年轻人，没想到自己的一句话会改变一个人的命运。但富商知道，尊重他人就要尊重身边的每一个人，没有高低贵贱之分，这样也会赢得别人的尊重。我们可以试想，如果当初富商只给年轻人几美元却没有那句尊重的话，年轻人或许很难重整旗鼓，发生翻天覆地的变化。这就是尊重的力量！

第28讲　正直善良

——正直是筋骨，善良是血肉

巴菲特说，评价一个人时，应重点考察四项特征：正直，善良，聪明，能干。如果不具备正直和善良，那么聪明和能干就会害了你。由于应试教育的原因，老师和家长们往往只重视孩子的学习成绩，也就是聪明、能干，而忽略了培养孩子正直、善良的品质。正直就像人的骨骼，而善良则是血肉，有骨有肉才是顶天立地的人。

军人是正直、善良的代名词

说到正直,大多数人会首先想到军人。无论在和平年代还是战争时期,中国军人都是在危难时刻挺身而出的人,这和军人的成长环境有关。军人一般都是在价值观形成期的年龄进入部队,他们还没有受到复杂社会环境的熏染。军营的大环境是单纯的,而且相对封闭。从参军开始他们接受的就是献身国防,为民担当的教育。在这种环境中成长起来的官兵自然是正直的,以至于社会上对他们有一种特殊的称呼——傻大兵。这个"傻"字可谓形象,这里的"傻"并不是真的傻,而是思想单纯,刚直不阿,所以在那些老滑头们的眼里,他们就是傻的。正是因为他们"傻",所以我们才会时常看到军人舍身救人的各种报道。

如果正直是筋骨,那么善良就是血肉。军营中磨炼出军人钢铁般的意志,也孵化出了他们柔软的心。无论是1998年抗洪抢险还是2008年的汶川大地震,我们看到的是钢铁之躯包裹下的柔软善良的心。他们在洪水中背着年迈的老人,托举起年幼的孩子;他们在废墟下救出顽强的生命,流着泪把在灾难中停止呼吸的躯体抱在怀里。善良永远是让这个世界变得更温暖的最伟大的力量。

德比才更重要

在应试教育的大环境下,家长和老师往往更看重孩子的成绩,忽略他的正直和善良,也就是德。这样的现象在教育中,特别是基础教育阶段还是比较常见的。比如,学期末把奖状拿回家的基本都是学习成绩好的孩子。只要学习成绩好就能被评为"三好学生",但是"三好学生"的含义并不仅仅是学习好。这种单一的评价机制必然导致片面的培养方式。

培养一个聪明、能干的孩子固然重要,因为这是他的生存技能。但如果没有正直、善良做支撑,聪明、能干就有可能变为助纣为虐。比如,一个优秀的医生不能坚持正直、善良,而是只把病人当成赚钱的工具;一个网络高手不把头脑用到开发互联网技术上,而是用来网络犯罪;一个财务高手不是把账目整理清楚,而是中饱私囊……这些行为,最终都有可能对他造成致命的伤害。所以,德才兼备才是最重要的。

如何培养一个正直、善良的孩子

正直和善良更多体现在行动中,所以我们只要从以下几个方面去影响孩子,他就会感悟到什么是正直和善良,并成为这样的人。

一、鼓励孩子帮助和爱护弱小

人之初,性本善。很多恶都是在生活环境中被感染的。所以,家长要在生活中呈现给孩子真善,从而影响他成为一个善良的人。家长要鼓励孩子帮助和爱护那些比自己弱小的人。比如,自己的孩子和一群小孩子在一起玩,要告诉孩子多多谦让和照顾比自己小的孩子。当别人遇到困难需要帮助的时候,告诉孩子要伸出援助之手。比如,积极参加学校或社会上的募捐活动,向贫困的家庭、受灾地区捐赠物资。当然,捐赠要在自己的能力范围之内,家长可以鼓励孩子捐出自己的零用钱。另外,家长还可以带孩子参加一些爱心活动,像到福利院当义工、救助流浪动物等,以此来培养孩子的怜悯之心。

二、教会孩子体察别人的感受

善良除了要有怜悯之心，还要懂得照顾别人的感受。试想一下，如果一个人总是从自己的立场出发，只顾着满足自己，那便是自私。过于自私的人很难体谅他人，善良的心也会被吞噬。

孩子之所以不懂得关心别人的感受，是因为家长在养育孩子的过程中过多地承担了孩子本该承担的事情，只顾着让孩子获得满足感。比如，一个3岁的孩子，自己不愿意走路要求家长抱，家长就毫无原则地抱着他走。家长实在累得不行了，把孩子一放他就哭闹不停。这种体验很多家长都有过，可是有谁反思过背后的教育观呢？类似的做法是在纵容孩子无限制地满足自己的感受，忽视他人的感受。孩子只想自己舒服，不管家长累不累。久而久之，长大以后在其他事情上也不会体察并照顾别人的感受，也就失去了善良之心。

所以，在养育孩子的过程中，家长要在类似的事情上坚持原则，让孩子学会"共情"，体味别人的感受。

三、教会孩子明辨是非，坚守原则

美国遗传学家摩尔根在给儿子的一封信中写道："你应该有这样的志向，世界上没有任何东西可以引诱你去做'一个人所不应该做的事'，坚决不要为了金钱而放弃你的人格与自尊，去为他人做种种不正当的工作！不管将来从事何种职业，你应该尊重你的人格，保持你的操守。"

摩尔根的这段话完美地阐释了什么是正直，那就是保持你的人格和操守，不去做不该做的事。所以，我们要教会孩子明辨是非，坚守原则，不为利益出卖人格。比如，某个景区有一条小路可以悄悄地进入，这样就能够逃票。当你知道了这条小路后，是带着孩子一起逃票，还是自觉地买票进入呢？相信有一些家长为了省两张门票钱可能会带着孩子走小路进入。这看起来不是什么大不了的事情，但事件背后的本质不可轻视。因为这种行为是在潜移默化地告诉孩子，当利益出现时他可以放弃原则，放弃正直的品格。换句话说，逃票这件事是为了利益出卖原则的行为的缩影。那么以后在其他事情上，当利益出现时，孩子同样会有类似的行为。假设孩子长大工作了，某一天，他发现通过虚开发票可以把公司的钱装进自己的腰包,也许他就真的会这样做了。这种行为就涉嫌犯罪。所以,在生活中我们要坚守原则,不为利益出卖人格。

善良的人懂得关心他人的感受,对弱者怀有怜悯之心;正直的人表里如一,一身正气,坚守原则,脚踏实地。我们不应该仅仅关注孩子的学习,只注重他们的才能,而忽略了正直与善良品质的培养。希望我们的孩子都能够成长为德才兼备的优秀人才。

小故事大道理

《吕氏春秋·去私》中记载着这样一个故事。南阳缺一个县官,晋平公就征求祁黄羊的意见,问谁适合做这个县官。祁黄羊说:"解狐适合。"晋平公很吃惊,因为他知道祁黄羊和解狐有过节,于是问:"解狐不是你的仇人吗?为什么还要推荐他?"祁黄羊回答:"您问我谁适合当南阳的县官,又不是问谁是我的仇人。"晋平公认为祁黄羊为人正直,公私分明,就派解狐去南阳做了县官。解狐上任后,果然把南阳治理得很好,百姓对他更是交口称赞。

后来，朝廷里缺少一个法官，晋平公同样征求祁黄羊的意见，问："你看谁能担当这个职务？"祁黄羊说："祁午能担当。"晋平公同样觉得奇怪，问："祁午不是你的儿子吗？"祁黄羊说："您问的是谁适合做法官，又不是问祁午是不是我的儿子。"晋平公很满意祁黄羊的回答，于是任命祁午当了法官。后来，祁午果然公正执法，被公认为是好法官。

祁黄羊推荐人才不计较个人恩仇，也不避讳自己的亲人，被孔子称赞为一个正直的人。

第29讲 忠诚可靠

——忠诚是回报最丰厚的投资

> 忠诚的意义何在？我把忠诚分为三个层次，分别是家庭、集体和国家。不管是男人还是女人，对家庭忠诚都是最可贵的品质，否则家庭就不会稳固；对集体不够忠诚，就很难在单位立足；对国家不够忠诚，就不是一个合格的公民。所以，无论从哪个层次来说，忠诚都是最可贵的品质。

绝对忠诚的人民军队

任何一个国家的军队都是最重视忠诚教育的，中国人民解放军更是如此。"忠于祖国，忠于人民"是人民军队的行为准则。军人的职业特殊，特别是野战部队完全不适用8小时工作制，他们需要24小时在岗，即便是在夜间也要进行夜训，而且要做好随时拉练的准备。工作量相对繁重，而工资待遇根本无法与地方的大部分单位相比，特别是义务兵每个月只有几百块钱的津贴。那么，是什么让他们乐于在部队里吃苦呢？当然是忠诚！

在特种部队有一种训练叫"兽营训练"，也就是在训练期间他们是没有人的待遇的，甚至可以说连野兽的待遇都不如，所以这种训练机构也被称为"地狱营"。"兽营训练"有很多训练项目，每一项都会挑战人的生理和心理极限。其中有一项就是忠诚训练。在这项训练中，训练者将使出各种残忍的手段，从生理和心理方面对受训者进行折磨，目的就是让他们做出"出卖"祖国和人民的事情。这往往也是"兽营训练"的最后一关，只有从这一关挺过来的人才能成为真正的兵王。

经过部队的历练，这些人退伍后也会保持着忠诚的品质。所以，很多企业在招聘的时候会青睐退伍军人，其中一个原因就是他们对企业会更忠诚。

忠诚是一个人最可贵的品质

忠诚就是责任和担当。仅从对家庭忠诚的角度来说，一个人只有对家庭忠诚才能经营出一个幸福美满的家，反之就会把家庭生活搞得一团糟。比如，我们经常看到一些报道，当某个家庭出现危机的时候，丈夫或妻子就抛弃这个家庭另寻出路。大难临头各自飞，这便是典型的不忠诚。

仅从家庭的角度讲，忠诚便是一个人最可贵的品质。可以说，忠诚的人更容易获得幸福美满的人生。

如何培养孩子忠诚可靠的品质

可以说，忠诚是回报最丰厚的投资，我们培养孩子忠诚可靠的品质就等于帮孩子做了一笔丰厚回报的投资。

一、不要让孩子接触那些"毁三观"的文化产品

忠诚的丧失跟低俗文化的泛滥有一定的关系，特别是和主流价值观有严重冲突、旗帜鲜明反对忠诚、刷新三观底线的低俗文化产品。比如，一些格调比较低的网络小

说、漫画、游戏和影视作品，价值观扭曲。而孩子正处于生理和心理的快速成长期，他们接触到什么就容易受什么影响。更可怕的是这些"毁三观"的文化产品对感官有极强的冲击性，对孩子的诱惑力非常大，极易使孩子沉迷其中不能自拔。特别是一些传媒平台更是毫无底线地以赚钱为目的，根本没有社会责任意识。比如，在一些直播平台和短视频平台，为了流量经常出现一些极为低俗的视频。当孩子被这些错误价值观诱惑并侵袭后，正确的价值观必然会受到严重冲击。

作为孩子的监护人，不要为了自己省心随意把一部手机丢给孩子，而是要多一些亲子陪伴，尽量不要让孩子接触那些"毁三观"的文化产品。

二、让孩子多接触有关忠诚的励志故事的文化产品

让孩子少接触"毁三观"的文化产品，更要让孩子多接触正能量的文化产品。让孩子多阅读有关忠诚的励志故事的书籍，家长和孩子一起总结主人公身上的闪光品质，鼓励孩子向故事里的人物学习。比如，《苏武牧羊》的故

事讲的是苏武奉命出使匈奴，被匈奴扣留并流放到荒无人烟的地方牧羊，并说只有公羊产羔才能返回。然而，苏武始终保持着忠诚之心不肯屈服，被困19年，去时年富力强，归来已须发皓白。

除了书籍，还可以通过影视等文化产品培养孩子忠诚可靠的品质。比如，电影《忠犬八公》讲述的就是狗与主人之间的感人故事。虽然讲的是动物，但表达的是忠实可靠的品质。又比如《红海行动》这部热血军事题材的影片，告诉孩子们在危险和困难面前，军人要选择直面危险，用忠诚维护祖国和人民的利益。长期受这些正能量文化产品的熏陶，孩子自然会浑身散发正气，将忠诚可靠作为自己行为的准则。

三、告诉孩子，忠诚并不是愚昧地遵从

忠诚对孩子来说是最宝贵的品质，但我们不要错误地理解"忠诚"。忠诚是对正确的人或事诚心诚意、尽心尽力，而非对某些人愚昧地遵从。比如，有的父亲在家庭中比较强势，要求其他家庭成员特别是孩子对他的决定坚决遵从。他把孩了的这种行为理解为忠诚。其实，这是严重

错误的。

在家庭中，每一位成员的地位都是平等的，忠诚指的是对家庭尽心尽力，维护家庭的核心利益，而非对某个家庭成员无条件、无原则地遵从。推而广之，对集体和国家的忠诚也是如此。所以，家长不能在家庭生活中把错误的忠诚意识和行为传递给孩子，更不能要求孩子只是愚昧地遵从。

总之，还是那句话："忠诚是回报最丰厚的投资。"把孩子培养成忠诚可靠的人就等于为他的人生投入了一笔巨额资金，他的人生也将会得到丰厚的回报。

小故事大道理

贝尔是麦当劳公司的前CEO（首席执行官），谁会想到他曾经是一个衣衫褴褛的落魄少年。15岁那年，贝尔去澳大利亚的一家麦当劳门店求职。当时他瘦骨嶙峋，衣衫不整，一副落魄的样子。看到他这副模样，店长直接拒绝了他。可是没过几天，贝尔再次来到这家门店，诚恳地要求店长让他在这里工作，只要能填饱肚子，即便没有工资也行。

店长有些犹豫，贝尔趁机说："我看到您这里厕所的卫生状况不太好，这样会影响生意，不如让我留下来扫厕所吧。"这样，店长才同意贝尔留下来，但要有3个月的试用期。

打扫厕所自然又脏又累，但是贝尔干得尽心尽力，打扫完厕所以后，他还帮忙干其他活儿，比如擦地板，打扫厨房。这一切都被店长看在眼里，店长最终决定正式录用贝尔，并送他接受正规的职业培训。培训结束后，店长让贝尔在店内的各个岗位锻炼。几年后，贝尔全面掌握了麦当劳的一系列工作。在贝尔19岁那年，他被提升为澳大利亚最年轻的麦当劳店面经理。凭借忠诚和踏实的努力，贝尔不断地赢得公司的认可，最终在43岁时成为麦当劳全球的CEO。

第30讲 学会服从

——狼群精神的本质是服从

> 相信很多家长都有同样的困扰。孩子连续玩了几个小时的游戏,家长对他说:"别玩了,快去睡觉。"孩子回答:"不!"甚至有些叛逆的孩子会说:"少管我!"诸如此类的问题令家长苦恼不堪。今天,我就来和大家分享如何培养孩子的服从意识。

学会服从才能打胜仗

狼是凶猛的野兽,往往以团队作战的方式统一行动。狼群就像一支纪律严明的部队,所有成员要绝对服从狼王的指挥，这样才能以高效的方式围攻猎物，获取最大的胜利。现在很多企业或团队都在学习狼群精神，其本质就是铁的纪律和绝对的服从。

军队从某个角度来说就是狼群。打仗时，军人要在严明的纪律下，在指挥机构的统一指挥下协同作战，这样才能攻坚克难，战胜敌人。这个过程中最重要的就是服从，因为没有服从一切行动都无法顺利进行。比如，在被敌军包围的情况下，指挥机构要求部队集中兵力在某个位置撕开敌军防线，也就是打开一个突破口。这个时候，如果各个部队不能够服从命令，只顾自己的战斗区域，那么最终他们就会被敌军围困致死。在作战行动中，甚至要牺牲少部分人的利益或生命来换取团队的利益，比如在被敌军追击的时候，会把一部分兵力留在路上拦截追兵，从而保障大部队撤退。如果这部分军人不服从命令，那么整支部队就会遭受致命的打击。

所以，"军人以服从命令为天职"是军中的第一铁律。新兵入伍以后就开始训练他们的服从意识，比如在接到上级的命令时要立即回答"是"，并马上去执行。无论在训练还是战斗中，不同的部队、不同的个人分配到的任务是不同的，有的更危险，有的更艰巨，但他们绝不会推诿，而是无条件地服从命令。正因为军人具有绝对服从的意识，所以他们才会像一群狼那样，能够完成那些看似不能完成的任务。

服从不是毫无原则地顺从

作为团队中的一员，我们的确不能只按照自己的意愿行事，要学会服从。但上级要我们做什么，我们就必须做什么吗？

首先，我们要弄清楚服从的含义。这里所说的服从是指从大局出发，而非为个人利益毫无原则地顺从。比如，作为单位的一员，我们要对单位的规章制度坚决服从，但是对单位某个领导的个人意愿或私利不能毫无原则地顺从。比如，如果你的领导要求你帮他做假账，这样他就能中饱私囊。虽然他是你的上级，但你绝对不能一味顺从，因为他是将个人利益凌驾于集体利益之上，而你的顺从就是助纣为虐。

如何培养孩子的服从意识

在生活中,有些孩子无论家长让他们做什么,他们的回答几乎都是"不",相信很多家长都有同样的困扰。那么,我们该如何培养孩子的服从意识呢?

一个孩子不管在家庭、学校,或者走向社会,参加任何团体或组织,都需要有良好的合作精神和服从意识。培养孩子的服从意识,可以从以下几个方面进行:

一、抓住服从意识培养的最佳时期

同样是写作业,有些孩子趁家长没有监督就偷偷地玩手机、看电视;有些孩子则服从家长的要求,不写完作业不出去玩。这两种孩子的服从意识差别很大,而造成这种差别的往往是1~3岁这段时期的教育。从儿童心理发展的规律来看,到孩子上小学再培养他的服从意识为时已晚,或者说更加困难。

抓住孩子成长的最佳时期培养孩子的服从意识非常重要。服从意识培养的方法很多,比如一起做游戏。参加过军训的人都知道,部队里经常进行队列训练,比如稍息、立正、齐步走、转体等。很多人不理解为什么要训练这些。其实，队列训练最重要的意义就是训练军人的服从意识。指挥员下达什么样的口令，队列中的人就必须做什么样的动作。其实，我们可以把队列训练变成游戏，和孩子一起玩。我就经常和两岁的女儿一起玩队列训练的游戏，我喊"齐步走"她就走，我喊"立正"她就停。游戏很好玩儿，她的热情也很高。推而广之，马上吃饭了，我喊坐到餐桌旁开始吃饭，她就跑过来坐在餐桌旁。这个年龄段的孩子是很容易接受这种游戏化训练的，可是等他上了小学，这些把戏就不灵了。所以服从意识的训练要趁早，而这种意识一旦形成就会内化。

二、家庭成员的关系不能错位，不能被孩子左右

孩子的服从意识差，一个主要的原因是家庭中出现了严重的关系错位。在这样的家庭中孩子是"小皇帝"，是家庭的核心，很多事情都是他说了算。这一点儿也不夸张。比如，某一天中午孩子要吃饺子，而包饺子需要很长的时间，妈妈想做其他的饭菜。孩子说："我就要吃饺子，别的不吃。"妈妈往往会妥协，抓紧时间给孩子包

饺子。

　　这些都是生活中的常见现象，而我们往往没有意识到问题的严重性。随着年龄的增长，孩子在家中的"领导"地位越来越强化，动不动就发号施令。比如："妈，你给我买辆山地车，否则我就不去上学。""爸，你给我买部苹果手机，否则我就不写作业。"他开始用这些威胁的手段来命令家长，而家长慢慢地就被他左右，被他领导了。这是非常危险的事情。因为等他成年步入社会以后，往往也会用这种惯性思维去和领导讨价还价，可到时候谁还会满足他呢？犯罪心理学研究表明，很多走上犯罪道路的孩子往往先是一步一步地要挟家长，再一步一步走向犯罪道路的。

　　面对孩子的这种行为我们该怎么做呢？当然是决不妥协，让他学会服从。还拿上面的例子来说吧，孩子中午要求吃饺子，而妈妈因为时间关系只做了米饭。孩子会威胁家长，不吃饭。家长不要低声下气地求他，应该任由他爱吃不吃。家长吃完以后，把桌子收拾干净去做自己的事情。孩子少吃一顿也无妨，甚至我们就应该让他知道什么是饿。这样以后他就会变乖，不敢再威胁家长了。

三、换一种方式让孩子主动服从

让孩子服从命令是有很多技巧的。比如，就在我写这篇文章的时候，我两岁的女儿光着脚跑过来。我对她说："把袜子穿上，地板太凉了。"她使劲摇着头说："不要，不要。"然后，转身跑了。我又喊："把袜子穿上！"她仍然说："不要，不要！"

我知道，即便再说几十遍"把袜子穿上"她都不会服从的。于是，我改变了方法，问："你是穿小青蛙的袜子，还是穿小兔的袜子啊？"她眼珠一转，回答："小兔的。"就这样，她服从了我的指令，穿上了袜子。

当一种指令无效时，我们可以改变方式，发出不同的指令。对一个10岁的孩子，上面的方法就不适用了，但仍然有很多应变的方法。比如，一个10岁的男孩儿很晚了还在看电视，妈妈说："别看了，去睡觉吧！"孩子不执行。妈妈又说了好多遍，他仍然像没听见一样。这时候，你再用语言指令就无效了。可以换另一种方法，比如在一张卡片上写上：儿子，太晚了，你应该关掉电视睡觉了好吗？然后，把这张卡片放到孩子手里。孩子看到这张卡片上的话，也许就会关上电视去睡觉了。这是因为读取卡片上的字属于接受视觉指令，当他对听觉指令疲惫后，这种方法也许就会奏效。总之，我们要学会一些技巧，让孩子更容易接受你的指令。

四、对于"油盐不进"的孩子该怎么办

前面我们讲了一些方法，对于大多数孩子是适用的。但是有些家长会说，我的孩子属于那种特别顽劣的，也就是我们通常所说的"油盐不进"的孩子。这种孩子往往和父母对着干，你让他往东他偏往西，更别说服从了。在生活中这种孩子和父母冲突不断，关系也比较紧张。

这种表现容易出现在三个叛逆期，即2~3岁的"宝宝叛逆期"，6~8岁的"儿童叛逆期"，12~18岁的"青春叛逆期"。

首先，我们要清楚"油盐不进"的孩子更容易出现在关系错位的家庭中。当这种问题出现后，大多数父母会失去耐心，甚至试图用打骂的方式让孩子变得顺从，但往往适得其反。其实，我们应该采用的方法恰恰与打骂相反。我们经常发现，处在叛逆期的孩子和同伴相处得很好，他

们不听父母的话，但很愿意听同伴的话。这个时候，如果他结交了社会上的一些狐朋狗友，就很容易被带坏。

　　孩子为什么愿意听同伴的话呢？因为他们是平等的，他感受到了尊重和自由。他为什么反抗父母呢？因为他觉得不平等，感受到的是压迫。青春期的叛逆往往就是源于对平等和自由的向往。所以面对这样的孩子，我们要做的是成为他们的朋友。其实，在军营里也一样，对于那些刺头兵不能一味地打压，班长或排长要成为他们的朋友，让他跟你说心里话，然后再听你的话。对于叛逆、顽劣的孩子，家长要放弃说教、打骂，学会了解他们的心理需求，和孩子成为朋友，取得他们的信任。当你获得了孩子的信任后，你的话就不再是命令，而变成了建议，他就愿意听了。

　　孩子之所以不听家长的话，还有一个原因就是家长不能让孩子信服，比如你不让孩子玩手机，你却自己天天玩手机。当家长在孩子面前失去信服力，也会让孩子对你的话置若罔闻。所以，家长也要从自己的身上多找原因，从改变自己开始。

五、需要注意的几个问题

培养孩子的服从意识，我们要注意几个误区。一个是前面提到的，不要把顺从当作服从；一个是不要把孩子训练成一个只会听话的孩子，走向另一个极端。

首先，在家庭中家长不能搞一言堂，不能要求孩子无条件地执行你的个人意愿，要给孩子充分的话语权，充分发挥孩子独立思考的能力。

其次，服从应该建立在民主决策的基础上。比如，要去旅游，具体该带什么东西，大家可以一起商量决定，而决定后的方案孩子是能够服从的。

再次，要多给孩子选择的机会。比如，要给孩子买衣服，家长非要给孩子买某件，而孩子明确表示不喜欢，我们就不要强迫孩子服从，而是应尊重孩子的选择。

总之，服从和自由并不冲突，不要把服从与自由对立起来。我们培养孩子的服从意识是希望他能够更加理智地看清自己该做什么，不该做什么，以及在一个团队中如何行动，而非总是以个人的利益和意愿为行动准则。这样，他才能成为一个受欢迎的、善于合作的人。

小故事大道理

三国时期，诸葛亮率军攻打曹操，在进攻祁山时，命马谡率领军队在军事重地街亭防御曹军进攻。诸葛亮特意叮嘱马谡要把军营扎在要道，可是马谡为人高傲，并没有服从诸葛亮的命令，竟然把几十万大军驻扎在远离水源的南山上。裨将军王平多次规劝马谡，但马谡仍一意孤行。

曹将司马懿率领部队到达后，将马谡的军队包围起来，切断了魏军的水源，采用火攻克敌。结果，马谡大败，士卒四散，溃不成军。马谡失守街亭后，诸葛亮失去军事重地，已经无法再与曹军抗衡，只能撤退。

马谡这个人虽有才华，但为人自傲，很多人断定他不会服从命令，所以战前建议诸葛亮不要重用马谡。但是，诸葛亮还是将马谡用到了关键的岗位上，委以重任。结果，马谡果然不服从命令，没有大局观，最终失去街亭，导致整个战役行动的失败。因为违抗命令，诸葛亮不得不挥泪斩马谡。

后 记

这些年我创作了不少少儿军事文学作品,这些作品除了鲜明的军事特色,还融入了很多孩子成长所需要的阳刚品质。一些家长反馈,孩子们在读了这些书以后发生了很大改变,比如有的孩子原来自律性不够好,但是看到书中特种兵通过严格的自律和刻苦的训练成长为兵中之王,被他们的优良品质所感染,于是开始严格地要求自己。特别是对一些胸怀军旅梦想的孩子,这些作品就更加有影响力。

我的少儿军事文学作品是把"知识、技能和品质"三大要素融入进去的。但孩子的改变不仅仅是孩子自己的事情,也是家长的事情。每一个孩子的身上都有父母的影子,也是父母的一面镜子。于是,我决定把军营中培养军人优良品质的那些好的做法总结出来,结合我所学的教育理论知识，以及陪伴孩子成长的经验，写一本给家长看的教育书《军营法则》。

在这本书中，我总结了30个孩子成长所需要的优良品质，除了讲解这些品质的重要性，对培养方法也给出了一些参考意见。希望阅读这本书的家长能够耐心地陪伴孩子成长，同时学会放手，把孩子培养成独立自信、正直善良、勇敢强大的阳刚少年。